하루
15분, 자존감
수업

나를
사랑하지 못한 채
어른이 된
당신에게。

하루
15분 , 자존감
수업

How to Raise
Your Self-Esteem

너새니얼 브랜든 지음 | 이미정 옮김

자존감 연구의 대가, 『자존감의 여섯 기둥』
너새니얼 브랜든 박사의 자존감 키우기 실천법!

앤의
서재

추천의 글

다음에 기술된 문장의 뒷부분이 빠져 있습니다. 각 문장을 읽으면서 가장 먼저 떠오르는 자신의 생각을 뒷부분에 기록하여 문장이 완성되도록 써주십시오.

▦ 내가 늘 원하는 것은

_____

▦ 나의 가장 큰 결점은

_____

▦ 어리석게도 내가 두려워하는 것은

_____

▦ 내가 정말 행복할 수 있으려면

_____

▦ 내가 믿고 있는 내 능력은

_____

제시된 다섯 개의 문장을 완성해 보셨나요? 갑작스러운 질문에 당황하셨을지도 모르겠습니다. 무심코 완성한 문장이 평소 인지하지 못한 속마음을 드러낸 것이어서 놀라진 않으셨나요? 위 내용은, 정신건강의학과 진료를 받아보았거나 상담 또는 심리검사 경험이 있는 분들은 접해보았을 "문장완성 검사"의 문항을 발췌한 것입니다. 내담자가 솔직하게 적어 내려간 문장들 속에서 그의 바람과 세계관, 자아상을 읽어낼 수 있는 검사로 이것이 시작점이 되어 내담자와 긴 이야기를 나누게 되기도 합니다.

그런데 문장완성 검사와 자존감이 대체 무슨 관계냐고요?

예전 교육 과정에, 강낭콩을 화분에 심어 키우면서 관찰 그림 일기를 쓰는 활동이 있었습니다. 그 몇 달간, 강낭콩에 대해 참 많은 것을 알게 되지요. 며칠 만에 발아해서 새싹이 흙 밖으로 나오는지, 떡잎이 두 개라는 것이 식물 분류에서 얼마나 중요한 특성인지, 하루에 몇 밀리미터씩 성장하는지, 잎 모양과 가지 치는 방식은 어떠한지, 햇볕에 비춰보면 어떤 색깔을 띠는지…… 강낭콩을 관찰하고 기록하면서 자연스럽게 애정을 갖게 되었고, 물을 어느 정도 간격으로 얼마나 주어야 적당한지, 바람과 온도를 어떻게 조절해 주면 좋을지도 고민하게 되었습니다.

이 경험 덕에, 저의 강낭콩에 대한 이해와 애정의 깊이는 명아주나 강아지풀에 대한 것과는 다릅니다. 강낭콩이 타고난 생명력을 잘 드러내고 자신을 펼쳐 보이기를 바라고 지지하는 마음이었어요. 제가 생각하는 자존감은, 강낭콩을 관찰하고 돌보는 태도를 스스로에게 갖는 것입니다. 자신을 꾸준히 관찰하고, 이를 종합하고, 할 수 있는 일들을 해주며 번성하기를 바라는 마음과 노력 말입니다. 그리고 그 첫걸음은 바로 자기인식, 그러니까 관찰하고 수용하기인 것이지요. 너새니얼 브랜든이 책에서 내내 강조하는 "문장완성 치료법"은 이러한 솔직한 자기관찰과 자기인식을 위한 여정의 출발점입니다.

자존감. 지난 세기말부터 현재까지 이어져 오는 세계적인 메가히트 단어가 아닐까 합니다. 일반적으로는 자신의 능력과 가치에 대한 전반적인 평가와 태도를 일컫는 말입니다. 그런데 제가 진료실에서 그리고 기업 강연이나 인터뷰, 팟캐스트 등에서 만났던 수많은 '자존감'의 개념은 그야말로 각양각색이었습니다. 현대의 개념은 퍼질수록 많은 사람들에 의해 오역되고 오독됩니다. 게다가 제각각의 독해가 각자의 머릿속에 자리 잡혀, 두 사람이 똑같이 "자존감"을 언급하지만 서로 다른 개념을 바탕으로 이야기를 하고 있을 확률이 높습니다. 어떤 분들은 '나는 자존감이 낮아서 문제'라며 더 풀이 죽고 스스로를 비하하기도 합니다. 이런 상황에서 '자존감'이라는 단어를 대하는 정신건강전문가로서의 저의 심경은 조금 복잡합니다. '번아웃 증후군'을 이야기하며 개인의 정신건강에 대한 사회의 책임과 변화를 강조해 왔기 때문이기도 하고요. 경쟁사회에서 자존감이 누군가에게는 또 하나의 숙제가 되지 않을까 걱정이고, 차별이나 가난과 같은 사회적 고통을 개인의 역량 문제로만 몰아가는 데 악용되지 않을까도 우려되었으니까요.

그러한 우려 속에서 접하게 된 자존감 연구의 권위자인 너새니얼 브랜든의 『하루 15분 자존감 수업』은 나름의 큰 의미와 효용이 있는 책입니다. 우선 작가가 밝혔듯이 이 책은 자존감 이론이 아니라 자존감 실천의 확장판입니다. 임상에서 많은 내담자들을 만나고 정신건강 조언을 하는 입장에서, 이 고통이 구조적인 원인에서 왔다고 하더라도 고통받는 개개인이 회복하고 나아지기 위해 사용할 수 있는 구체적인 방법들은 늘 필요합니다. 번아웃 증후군이나 우울증, 스트레스 등을 주제로 한 강의 말미에도 "그래서 저는 어떤 방법으로 이 상황을 견뎌낼 수 있을까요?"라는 질문이 꼭 나오거든요. 그래서 이 책이 제시하는 다양한 실천적 접근의 유용함에 십분 공감합니다. 또 책을 따라가면서 독자는 본질적인 저자의 질문에 계속 맞닥뜨리고, 이에 답하면서 자신의 내면을 깊이 들여다보게 됩니다.

저자가 제시하는 자존감의 개념은 자존감 열풍 비판에서 예로 드는 '모든 영역에서 만족스러운 이상적 자아가 아니면 오히려 더 쉽게 무너질 수 있다'는 조건부 자존감이 아니라, 삶의 결과가 어떻든 자신을 수용하고 통합하는 자존감입니다. 외모, 재산과 같은 현실적 근거에 덜 의존하며, 자신에게 너그럽고 수용적인 소위 건강한 자존감을 추구하는 내용이 책의 근간을 이룹니다. 자존감을 키우기 위해 필요한 기본적인 태도는 평가가 아닌 '이해'와 '받아들임'이라는 대목이, 제가 이 책을 추천하는 가장 큰 이유입니다.

이 책은 자신을 단단히 믿고 응원하기 위해 필요한 태도와 훈련들을 제시하고 있습니다. 세부적인 자존감 기둥들인 자기수용, 메타인지, 내면 아이 돌봄, 자기책임, 진정성, 그리고 대인관계 등의 테마는 상담과 치료에서 중요하고 의미 있게 다루어지는 요소들입니다. 하지만 처음부터 이 내용을 모두 숙지하려고 욕심 부리지 않아도 됩니다. 한 챕터씩 천천히 시도해 봐도 충분합니다. 완주를 못 해도 괜찮습니다. 의외로 인생은 하면 한 만큼 남습니다. "가다가 중지하면", "아니 가느니만 못한" 것이 아니라 "간 만큼 이득"입니다. 끝까지 하지 못했다 하더라도, 그 노력과 몰두해 있었던 시간은 여러분에게 다시 돌아와 어떤 작용을 일으킵니다. 그 경험을 버리거나 폄훼하지 않는 한 말입니다. 비록 완벽하지 못한 선택과 경험이더라도 긍정하고 이를 바탕으로 미래를 계획하는 것이 바로 현실감이고, 문제해결 능력이니까요.

책 속 문답을 통해 나의 이야기를 하며 자신이 어떤 사람인지 이해하고, 자신의 다양한 면모를 북돋우다 보면 자존감은 떡잎을 내고 쑥쑥 자라날 것입니다. 자존감을 "자신이 살아가면서 부딪히는 기본적인 도전들에 대처할 수 있다는 믿음이자, 자신에게 행복할 권리가 있다는 믿음"이라고 설명한 너새니얼 브랜든의 정의에 한마디를 덧붙이고 싶습니다. 그 대처방식과 행복의 의미도 바로 내가 정하는 것이라고요. 남의 기준이 아닌 자신의 기준에 맞는 훌륭하고 편안한 상태로 본인을 키워가는 힘, 그것이 자존감이 아닐까 싶습니다.

자신에게 내 인생의 가장 성실한 목격자이자 조력자가 되는 멋진 경험을 허락해 주시기 바랍니다.

안주연 정신건강의학과 전문의

"전 사랑받거나 사랑하는 게 쉽지 않아요. 사랑스럽다는 감정을 못 느끼기 때문이죠." 한 변호사가 한 말이다.

"뭘 하든 언제나 내 안에서 '충분하지 않아. 난 충분하지 않아.' 하고 속삭이는 목소리가 들려요. 뭘 해도 별로 즐겁지 않아요. 항상 날 증명하려고 애쓰다가 점점 더 지쳐가죠." 대학 교수이자 세 아이의 어머니는 이렇게 말한다.

"뭔가를 해내려고 애써봤자 무슨 소용이 있죠? 언제나 내가 모르고, 절대 알 수도 없는 뭔가를 아는 사람이 있는 것 같아요. 저한테는 다른 사람에게 있는 뭔가가 빠진 것 같아요." 스스로 불행하다고 생각하는 십 대는 이렇게 말한다.

"행복해지는 게 무서워요. 행복해지면 뭔가 끔찍한 일이 일어나거든요. 그래서 일이 너무 잘 풀리면 술을 마셔요. 술을 한 잔, 두 잔 마시다 보면 머지않아 일이 꼬이기 시작하죠. 그럼 적어도 무섭지는 않아요. 앞으로 무슨 일이 닥칠지 아니까 제가 상황을 통제할 수 있죠. 번개가 내리치기를 기다리지 않아요." 음주 문제가 있는 남자의 말이다.

"제가 너무 많은 남자와 잔다는 거 알아요. 잠시라도 누군가에게 안겨 있는 동안은 그 사람에게 중요한 사람이 된 것 같아요. 제가 가치 있는 사람 같죠. 하지만 그게 다 자기기만이라는 사실도 알아요. 나중에는 점점 더 외로워지고, 이 남자에서 저 남자로 옮겨 다니는 저 자신이 더욱 혐오스러워지죠. 이런 상황에서 어떻게 빠져나갈 수 있을까요? 이런 행동을 어떻게 그만둘 수 있을까요? 저 자신을 사랑하는 법을 어떻게 배우죠?" 두 번 결혼했다가 두 번 이혼한 여자는 이렇게 말한다.

자존감은 어떻게 키울 수 있을까? 자존감 부족으로 끊임없이 반복되는 자학적 행동의 고리를 어떻게 끊어낼까?

『자기존중HONORING THE SELF』을 출판하고 난 후, 나는 인터뷰에서 이런 질문을 자주 받았다. "브랜든 박사님, 박사님께서는 인생에서 자존감이 어떤 역할을 수행하는지를 포괄적으로 제시해주셨죠. 자기개념이 낮으면 파멸을 면치 못한다고도 하셨고요. 그렇다면 일상생활에서 심리치료사의 도움을 받지 않고도 자존감을 높이는 방법이 있나요? 자신을 믿고 의지하고, 자신이 어떤 사람인지를 더욱더 확신할 수 있는 방법이 있나요?" 이 질문이 내가 이 책을 내게 된 계기였다. 질문을 받고 바로 자존감에 관한 책을 한 권 더 써야겠다 싶었다.

이 책은 자존감 이론이 아니라 자존감 실천의 확장판이다. 이 책에서는 기본적으로 자존감을 높여주거나 깎아내리는 정신적, 신체적 행동을 다룬다. 또한 일상생활에서 자존감을 키우는 구체적인 전략을 제시한다.

책에서 제시하는 자존감 향상 전략은 내가 지난 30년 동안 수천 명의 환자들을 치료하면서 그 효과를 정확하게 시험해 본 것이다. 개인적으로는 나 스스로 자기실현self-actualization을 꾀하면서 자존감 향상 전략을 시험적으로 적용해 보기도 했다. 그 결과, 내 자존감은 이 책에서 제시하는 원칙과 훈련을 얼마나 끈기 있게 실천하는가에 따라 높아지기도 하고 낮아지기도 했다. 나는 자존감 향상 훈련과 동떨어진 초연한 관찰자라기보다는 내가 제시하는 방법을 실천하며 살아가는 한 사람으로서 이 책을 집필했다. 이 방법들은 아주 효과적이었다.

자기확신과 자기존중을 키우고자 한다면 이 책에서 답을 찾을 수 있다. 또한 이 책은 비전문가 못지않게 전문가에게도 유용하다. 심리치료사는 부정적인 자기개념을 개선하는 구체적인 절차가 자존감 회복에 얼마나 중요하게 작용하는지 잘 안다. 긍정적인 자기개념을 갖는 실천적 방법 역시 이 책에서 함께 다루었다.

자존감을 키워 스스로를 사랑하는 삶을 살고 싶어 하는 모든 이들이 이 책에서 제시하는 도구들을 직접 사용해서 그 효과를 시험해 보기를 간절히 바란다.

너새니얼 브랜든

목차

4장. 자존감 수업 셋
자기수용_ '나'와 조화로운 관계 맺기

5장. 자존감 수업 넷
죄책감에서 자유로워지기_
'무조건 내 탓'이 자존감에 미치는 영향

9장. 자존감 수업 여덟

자존감 소통법_
타인의 자존감을 키워주면 내 자존감도 높아진다

10장. 자존감 수업, 복습 편

문장완성법으로 자존감 키우기

1장

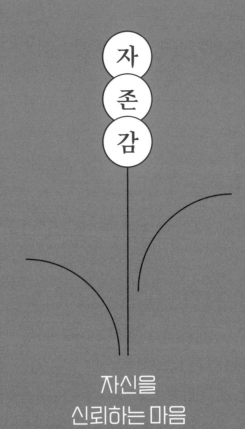

자존감

자신을
신뢰하는 마음

'나는 이런 사람이다'는 생각은 사실상 자기 경험의 모든 측면에 중대한 영향을 미친다. 직장생활에서 연애생활, 성관계, 부모의 양육방식, 인생에서 높이 날아오를 가능성에 이르기까지 그 영향력이 닿지 않는 곳이 없다. 나는 누구인지, 누구라고 생각하는지에 따라서 일상생활에서 일어나는 모든 사건에 반응하는 방식이 달라진다. 인생이라는 드라마는 자신을 바라보는 가장 내밀한 시각을 반영한다. 이때 자존감은 승패를 좌우하는 핵심 요소다. 또한 자신과 타인을 이해하는 열쇠가 되기도 한다.

생물학에서 원인을 찾아볼 수 있는 문제를 제외한다면 심리적 문제는 자존감이 낮아서 생긴다. 그렇지 않은 경우는 단 하나도 떠올릴 수가 없다. 불안증과 우울증에서 친밀감이나 성공에 대한 공포, 알코올 중독이나 약물 남용, 학교 성적이나 근무 성적 부진, 배우자 구타나 아동 추행, 자살이나 폭력 범죄에 이르기까지 모든 문제가 낮은 자존감과 관련이 있다. 모든 평가 중에서 자기 평가만큼 중요한 것은 없다. 높은 자존감은 충만한 삶을 살아가는 데 필수적인, 가장 중요한 요소다.

그렇다면 자존감이란 무엇인가? 자존감은 자기유능감personal competence과 자기가치감personal worth이라는 두 가지 요소로 이루어진다. 다시 말해 자존감은 자기존중과 자기확신을 더한 것이다. 역경을 헤쳐 나가는 자기능력(자신의 문제를 이해하고 장악하는 능력)과 행복해질 권리(자기 이익과 욕구를 존중하고 지지할 권리)를 절대적으로 확신하는 마음이 바로 자존감이다.

자존감이 높은 사람은 자신이 인생살이에 적합한 존재라고, 다시 말해 인생살이에 유능하고 가치 있는 존재라고 자신한다. 반면 자존감이 낮은 사람은 자신이 인생살이에 부적합한 존재라고 느끼고, 이런저런 문제를 잘못 처리하는 게 아니라 존재 자체가 잘못된 인간이라고 생각한다. 자존감이 평균 수준인 사람은 이 두 가지 생각 사이에서 오락가락한다. 자기가 인생살이에 적합하다고 생각했다가 부적합하다고 느끼고, 제대로 된 인간이라고 자신하다가도 잘못된 인간이라고 좌절한다. 이처럼 자주 변하는 생각은 행동으로도 나타나 때로는 현명한 행동이, 때로는 어리석은 행동이 나온다. 결국에는 불확실성이 커진다.

인간은 천성적으로 자기확신과 자기존중을 키울 수 있다. 사고할 수 있어서 유능해질 수 있고, 살아 있어서 행복을 추구할 권리가 있기 때문이다. 인간이라면 누구나 논리적인 자기신뢰와 마땅히 행복을 누려야 한다는 강한 확신을 바탕으로 높은 자존감을 가져야 한다. 이상적으로는 그렇지만 안타깝게도 많은 사람이 그러지 못한다. 부적합성과 불안정, 자기회의와 죄의식에 빠져 고통받고, '나는 부족한 존재'라는 막연한 생각에 두려워서 인생에 완전히 발을 담그지 못한다. 이런 감정은 인지하고 인정하기 어렵지만 언제나 존재한다.

인간은 성장하고 살아가는 동안 긍정적인 자기개념에서 멀어지기 쉽다. 아니면 긍정적인 자기개념을 아예 형성하지 못한다. 다른 사람의 부정적인 견해 때문에, 혹은 정직성과 통합성integrity, 책임감, 자기주장성self-assertiveness을 발휘하지 못해서, 그것도 아니면 자기 행동을 적절하게 이해하지도 안타깝게 여기지도 못해서 자신을 긍정적으로 바라보는 관점을 갖지 못할지도 모른다.

하지만 자존감은 언제나 높거나 낮은 정도의 문제다. 내가 알기로는 자존감이 완전히 부족한 사람도, 자존감을 키우지 못하는 사람도 없다.

자존감을 키운다는 것은 살아갈 능력이 있고 행복을 누릴 자격이 있어서 한층 더 자신 있게, 자애롭게, 낙관적으로 인생을 헤쳐 나간다는 뜻이다. 덕분에 좀 더 쉽게 목표를 달성하고 충만함을 경험할 수 있다는 확신을 키운다는 뜻이다. 또한 행복해지는 능력을 키운다는 뜻이기도 하다.

그러므로 자존감을 키우는 일은 누구에게나 중요하다. 자신을 더욱 많이 사랑하는 법을 배우려고 자신을 미워할 필요는 없다. 열등감을 느껴봐야 자신감을 키울 수 있는 것도 아니다. 즐거워지고 싶어서 비참해질 필요도 없다.

자존감이 높을수록 인생 역경을 보다 잘 헤쳐 나갈 수 있다. 결과적으로 회복탄력성이 높아지면서 절망감이나 패배감에 저항하는 힘이 강해진다. 자존감이 높을수록 창의적으로 일할 가망성이 커지고, 성공 가망성도 높아진다. 또한 야망이 커진다. 경력의 사다리를 높이 오르거나 재정적 부를 거머쥐겠다는 야망만이 아니라 인생에서 정서적으로나 영적으로, 혹은 창의적으로 경험해 보고 싶은 것을 손에 넣겠다는 야망도 불타오른다.

자존감이 높을수록 파괴적인 관계보다는 서로 성장하는 관계를 맺을 가망성이 커진다. 호감이 호감을, 건전함이 건전함을 끌어당기고, 공허감과 착취보다는 활력과 팽창이 더욱 마음을 사로잡기 때문이다.

자존감이 높으면 존경과 자애로움, 선의로 타인을 대하는 성향이 강해진다. 타인을 위협으로 인지하지 않고, '우리가 만들지 않은 세상에서 두려워하는 낯선 존재'(A.E 하우스만Houseman의 시에서 인용)로 보지 않는다. 자기존중이 타인을 존중하는 기반이기 때문이다. 뿐만 아니라 자신이 이 세상에 존재한다는 사실 자체에 더욱 기뻐하고, 아침에 깨어나고 자기 육체에 깃들어 살아가는 게 더욱 즐거워진다.

이 모두가 자기확신과 자기존중이 선사해 주는 보상이다.

이러한 상호관계가 존재하는 이유는 나의 또 다른 책 『자기존중』에 더욱 자세하게 나온다. 자, 어떤가? 자신의 긍정적 가능성을 확대해 존재의 질을 바꾸고 싶은가? 그 출발점은 바로 자존감을 키우는 것이다. 이 사실만은 여기서도 확실하게 말할 수 있다.

건강한 자존감은
누구와도 싸우지 않는다

∨∖∕∨

이제 자존감의 의미를 좀 더 깊이 파헤쳐 보겠다.

자존감은 높든 낮든 내밀한 감정이자 존재의 핵심이다. 다른 사람이 뭐라 하든 나는 이런 사람이라고 생각하고 느끼는 것이 자존감이다.

아이의 자기확신과 자기존중은 어른이 키워줄 수도 있고, 망가뜨릴 수도 있다. 아이가 존중받고, 사랑받고, 가치를 인정받고, 자신을 믿으라고 격려받는가가 결정적인 요인이다. 하지만 아이의 선택과 결정도 훗날 자존감을 어디까지 키워나갈 수 있는지에 지대한 영향을 미친다. 인간은 자신을 바라보는 타인의 견해를 그냥 수동적으로 받아들이지 않는다. 성인이라면 어떤 양육환경에서 자랐든 상관없이 모든 문제를 자기 손으로 처리해야 한다.

대신 숨을 쉬어줄 수 있는 사람도, 대신 생각해 줄 수 있는 사람도, 자기신뢰와 자기사랑을 대신해 줄 사람도 없다.

가족과 동료, 친구들에게 사랑받는 사람이 자신을 사랑하지 못한다. 동료들의 흠모를 한 몸에 받는 사람이 자신을 쓸모없는 인간으로 비하한다. 누가 봐도 확신에 찬 침착한 태도로 사실상 모두를 속이는 사람이 스스로가 부적합한 사람이라고 생각하며 남몰래 괴로워한다.

타인의 기대를 충족시킬 수 있는 사람이 자신의 기대에 부응하지 못한다. 온갖 영예를 다 얻을 수 있는 사람이 아무것도 한 게 없다고 느낀다. 수백만 명의 숭배를 받는 사람이 매일 아침에 기만당하고 있다는 끔찍한 생각과 공허함에 몸서리를 치며 눈을 뜬다.

긍정적인 자존감이 없다면 '성공'을 해도 언제 정체를 들킬지 몰라 초조해하는 사기꾼이 된 것 같다.

남한테 칭찬받는다고 자존감이 높아지지 않듯이 보유한 지식과 기술, 물질적 재산, 자선 활동, 결혼, 부모 역할, 혹은 주름 펴는 성형술도 자존감에 영향을 주지 못한다. 물론 가끔은 이런 요소들 덕분에 일시적으로 남보다 낫다고 느끼거나 어떤 경우에는 위안을 받을 수도 있다. 하지만 위안이 자존감은 아니다.

안타깝게도 자기 내면이 아닌 다른 곳에서 자기확신과 자기존중을 찾으려다 실패하는 사람이 너무 많다. 긍정적 자존감은 영적 성취와 같은 맥락에서 이해해야 한다. 다시 말해 의식의 진화 과정에서 쟁취한 승리라고 봐야 한다. 자존감을 의식 상태로 본다면, 남에게 긍정적인 인상을 심어주면 자신에게도 긍정적 자기

지각$_{\text{positive self-regard}}$이 생긴다고 믿는 게 얼마나 어리석은지 깨닫게 된다.

혹시 이런 소리를 자주 하는가? 한 번만 더 승진하면, 결혼해서 아내와 엄마가 되기만 하면, 훌륭한 부양자로 인정받기만 하면, 더 큰 차를 사기만 하면, 책을 한 권만 더 쓰면, 회사를 하나만 더 인수하면, 애인이 한 명만 더 있으면, 한 번만 더 상을 받으면, 나의 '이타심'을 한 번만 더 인정받으면 진짜로 나 자신에게 만족할 거야. 이런 식으로 나가다 보면 점점 더 터무니없는 조건이 붙고, 언제나 '한 번만 더'를 간절히 바라게 된다. 하지만 앞서 말했듯이 자존감을 영적 성취로 본다면 이런 소리는 쏙 들어간다.

자신이 인생살이에 적합한 존재이자 유능함과 가치성을 갖춘 경험의 산물이라고 평가하는 것이 자존감이라면, 자존감이 자기를 긍정하는 의식이자 자기를 신뢰하는 마음이라면, 자존감을 키워낼 수 있는 사람은 자기 자신뿐이다.

자존감은 경쟁적이거나 상대적이지 않다.

진정한 자존감은 남을 희생해서 얻은 자기영광을 뜻하는 게 아니다. 남보다 우월해지거나 남을 깎아내려서 얻는 것도 아니다. 오만함과 자기과시, 자기능력 과대평가는 몇몇 사람들이 생각하는 것처럼 자존감이 지나쳐서가 아니라 부족해서 생기는 문제다.

건강한 자존감의 가장 중요한 특징은 자기 자신이나 남과 싸우지 않는다는 것이다.

건강한 자존감은 직장생활과 연애생활, 여가생활을 망라하는 인생의 모든 영역에서 주어지는 기회를 긍정적으로 받아들여 적극적으로 낚아채는 능력의 기반이 되기 때문에 중요하다. 뿐만 아니라 인생을 즐길 수 있게 해주는 영적 평온의 기반이 되기도 한다.

〉〉〉〈〈〈

2장

〉〉〉〈〈〈

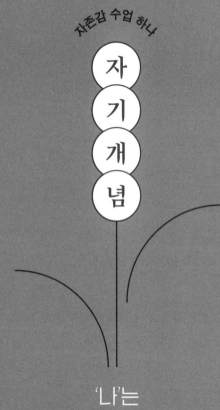

자존감 수업 하나

자
기
개
념

'나'는
어떤 사람인가

자기개념은 자신이 누구인지, 의식적으로나 무의식적으로 자신이 누구라고 생각하는지를 말해준다. 다시 말해 자신의 신체적 특성과 정신적 특성, 자신의 자산과 부채, 무엇보다 가장 중요한 자존감을 설명해 준다. 자존감은 자기개념을 평가한 것이다.

자기개념은 자신의 운명을 정한다. 즉 '나는 이런 사람이다'는 가장 내밀한 생각이 중요한 모든 선택과 결정에 영향을 미치고, 나아가서 자신의 인생을 결정짓는다.

아래의 간략한 일화는 자기개념이 자신의 감정과 행동에 어떤 영향을 미치는지를 명확하게 보여준다. 이러한 사실을 염두에 두고 다음 이야기를 읽어보자.

제인은 대형 백화점에서 근무하는 34세의 영업사원이었다. '편안한' 사람이라고 생각하는 남자와 사귀고 있었지만 결혼은 하지 않았다. 첫 만남에서 제인은 '이게 인생이라니, 뭔가가 더 있어야 해'라는 일반적인 불만만 털어놓았을 뿐, 다른 구체적인 불만은 이야기하지 않았다. 그러더니 이렇게 덧붙여 말했다. "저 자신을 좀 더 잘 이해하고, 자기주장을 잘하는 사람이 되고 싶어요."

나는 제인에게 눈을 감고 다음과 같이 상상해 보라고 했다.

"당신이 원하는 형태의 산을 그려보고 산기슭에 서 있다고 상상해 보세요. 거기서 산 정상까지 이어진 오솔길을 따라 걷기 시작해요. 산을 오르자 다리 근육이 당겨오죠. 길 양쪽으로 나무와 꽃이 있나요? 산을 오르면서 뭔가가 아주 흥미롭게 느껴지나요? 일상생활에서 느꼈던 모든 두려움과 의심, 불안이 더 이상 필요 없는 짐처럼 떨어져 나가는 것 같지 않나요? 높이 올라갈수록 더욱 자유로워지는 느낌이 들 거예요. 산 정상에 가까워지면 날아갈 듯 가벼워지는 것 같아요. 정신은 맑아지죠. 더욱 강해지는 것 같고, 자기 자신에 대한 확신이 어느 때보다 더욱 강해지죠. 이런 자신을 상상해 보고 유심히 살펴보세요. 마음에 드나요? 의심과 두려움에서 벗어나 자기확신이 생길 때 몸 상태는 어떠한가요? (……) 이제 산 정상까지 몇 발자국 남지 않았어요. 얼마 후 드디어 산 정상에 올라서서 발아래 세상을 내려다봐요. 기분이 어떤가요? 눈앞의 세상과 어떤 관계를 맺고 있는 것 같나요? 오랫동안 익숙하게 달라붙어 있던 불안감이 사라진 느낌이 어떤가요? 잠시 그 느낌을 음미해 봐요. (……) 이제 돌아서서 산 아래로 내려갑니다. 오솔길을 따라 내려가면서 강인함과 자유를 새롭게 얻었는지, 아니면 산 정상에 두고 왔는지 곰곰이 생각해 봅니다. 산 아래에 가까워질수록 예전에 느꼈던 무게가 다시 느껴지나요? 시작 지점에 돌아왔을 때 세상을 새로운 관점으로 바라볼 수 있나요? 기분이 어떤가요? 무엇이 달라졌나요? 자신이 달라진 게 느꺼지나요?"

잠시 후 제인이 눈을 떴다. "정상에 있는 게 좋았어요. 제 자신이 된 것 같았죠. 제가 한 번도 느껴보지 못했던 자기를 찾은 것 같았어요. 외롭고 무섭기도 했죠. 그때 엄마 목소리가 들렸어요. '넌 이곳에 있으면 안 돼.' 하고요. 산에서 내려가자 다시 예전처럼 마음이 무거워졌지만 예전과 완전히 똑같지는 않았어요. 뭔가가 달라진 것 같았죠. 산 위에 있을 때 한순간은······ 자유로웠어요. 진짜 자유로운 느낌이었죠. 뭐든지 할 수 있다는 생각이 들었어요. 내가 스스로 멈추지 않는 한 무엇도 날 막을 수 없었죠. 이론으로만 아는 게 아니라 내 몸과 온 정신으로 직접 느꼈어요. 뭔가에 취한 상태 같았죠. 그렇다고 현실을 보지 못한 건 아니었어요. 오히려 시야가 더욱 밝아졌죠."

"하지만 점점 더 높이 올라가는 건 엄마의 뜻을 어기는 일이죠? 엄마의 생각에 반하는 일이고요." 내가 말했다.

"전 이제······ 엄마의 딸이 되지 못할 것 같아요."

"그렇다니 어려운 선택을 한 것 같네요."

"엄마가 절 싫어해도 제가 저 자신을 좋아할 수 있을까요?"

"당신 생각은 어때요? 할 수 있겠어요?" 내가 살살 달래듯 물었다.

"그러지 못할 것도 없죠. 엄마도 달라질 거예요. 제가 엄마한테 맞춰나가는 게 아니라 엄마가 저한테 맞춰줄지도 몰라요."

"모든 영웅이 자신을 옭아매는 가족의 사슬을 끊고 집을 떠나면서 모험을 시작한다는 거 생각해 봤어요?"

나는 제인에게 자존감의 중요한 기둥이 되는 자기인식self-awareness(감정과 소망, 생각, 능력 인식)과 자기수용self-acceptance(자신의 경험을 부인하거나 자신을 적대시하지 않는 법 배우기), 행동으로 보여주는 자기표현(자기주장)을 중점적으로 가르쳤다. 제인은 가족과 유대를 끊기 위해 여행을 떠난다고 상상했다. 그러자 새로운 시각이 열렸다. 몇 달 동안 치료를 받고 난 후에 제인은 자기 목적을 달성했고 치료가 끝났다.

6개월 후, 제인한테서 생기 넘치는 편지를 받았다. 치료를 끝내고 일주일 후에 직장을 그만두고 '몇 년 동안 하고 싶었지만 용기가 없어서 하지 못했던' 소매 사업을 시작했다는 내용이었다. 제인의 가게는 아주 잘되고 있었다. "우리 집안에서 여자는 사장이 되면 안 돼요. 하지만 전 이제 그런 어리석은 생각을 버렸어요. 치료를 받으면서 내 인생은 내 것이라는 걸 깨달았죠. 이런 생각이 자존감의 기본 아닌가요? 진짜로 하고 싶은 일이 있는데 하지 말아야 할 이유가 있나요? 전 이제 관계에 대해서도 생각해 볼 준비가 됐어요."

상담받으려고 처음으로 날 찾아왔을 때 제인은 자존감이 아예 없는 게 아니었다. 자존감의 일부를 잘못된 가치에 쏟아붓고 있을 뿐이었다. 그런 탓에 엄마의 허락을 받아야만 행복과 자기

존중을 얻을 수 있다고 믿었다. 제인이 그런 믿음을 떨쳐내고 자신의 인생을 다시 자기 손에 거머쥐고, 자기 판단에 따라 살아가는 법을 배우자 자연스럽게 자존감이 높아졌고, 예전에는 손에 닿지 않는 것 같았던 기회의 문이 열렸다.

이러한 제인의 이야기에서 당신의 경험과 비슷한 부분을 찾을 수 있는가?

내 인생의 첫인상,
내면 아이 마주하기

∨∖∕∖∕

50세의 찰스는 크게 성공한 투자은행 직원이었다. 겉보기에는 차분하고 자기확신self-assurance에 찬 사람 같지만 뿌리 깊은 두려움에 사로잡혔고 개인적인 인간관계가 불행해서 날 찾아왔다. "자기확신self-confidence에 찬 사람인 척하며 남을 속이는 게 얼마나 쉬운지 몰라요. 다들 불안정한 사람이라 그렇겠죠." 찰스가 말했다.

15년간의 결혼생활 끝에 이혼한 찰스는 지난 3년 동안 한 여자와 몇 번이나 사귀었다 헤어지기를 반복했다. "전 사실 그 사람을 그다지 존중하지 않아요. 그런데도 그 사람은 저한테 매달리고 항상 저랑 같이 있고 싶어 해요. 안전하고 평범한 관계를 원하죠. 하지만 전 결혼하기 싫어요. 그래서 서로 싸우게 되죠. 전 과거를 들먹이며 그 사람을 깎아내리고 비난합니다. 그 사람은 제가 헌신을 두려워한다고 소리치죠. 하지만 진심으로 저한테 관심 있는 사람도 아닌데 왜 제가 그 사람한테 헌신해야 하나요? 제가 지금 그런 사람과 뭘 하는 걸까요?"

나는 머리숱이 적어지는 중년의 남자를 마주하고 있었지만 그에게서 겁에 질려 괴로워하는 소년이 보였다. 갈피를 잡지 못하는 소년은 과거의 악몽에 깊이 빠져 허우적거리며 구해달라고 손을 뻗고 있는 것 같았다. 찰스의 말처럼 동료들은 찰스를 그렇게 보지 않는다고 믿고 싶지만 어떻게 그걸 못 보는지 참으로 의아했다. 찰스는 다른 사람들이 자신의 진짜 모습을 모른다는 사실에 더욱 괴로워하는 것 같았다.

가난한 러시아 이주민의 외아들인 찰스는 어릴 때 사랑받지 못했고, 온기나 애정은 조금도 느껴보지 못했다. 오히려 신체적으로 잔인하게 학대받았다. "하지만 전 똑똑해서 살아남을 수 있다는 걸 알았죠. 남들이 모르는 걸 알았어요. 돈 버는 비법 같은 거요. 열네 살 때 첫 사업을 시작해서 성공했죠. 전 돈을 벌고 싶었어요. 그래야 자유로워질 수 있으니까요. 요즘은 돈을 많이 벌어요. 사업체 운영은 뭐 일도 아니에요. 이유는 모르겠지만 저한테는 참 쉬워요. 올바른 길이 환히 보이는 것 같다니까요. 하지만 사생활에서는 마음이 불안하다고 동업자에게 몇 번이나 말했죠. 그런데도 그 사람은 절 비웃으면서 못 믿겠다며 그런 이야기는 듣고 싶지도 않다고 하더라고요. 전 방 두 개짜리 아파트에 살고 있는데 개인적인 편의 시설에는 관심이 없어요. 그런 걸 누릴 자격도 없다고 생각하고요. 전 아무것도 누릴 자격이 없는 것 같아요……. 제가 선생님을 왜 좋아하는지 아세요? 선생님은 저의 두려움과 고통을 알아보시고 그게 진짜라고 믿어주시기 때문이에요. 그래서 그런 이야기를 꺼내는 걸 조금도 꺼리지 않고 주제를 바꾸려고 하지도 않아요."

"말이 나와서 말인데 다섯 살 아이였을 때는 집에서 지내는 게 어땠나요?" 내가 물었다.

진짜 끔찍했다고 말하는 찰스의 눈에서 눈물이 흘러내렸다. 찰스가 이야기를 시작하자 그의 얼굴에 한때 자신이었던 아이의 모습이 점점 더 선명하게 드러났다.

찰스는 어렸을 때 살아남고자 하는 의지가 강했지만 끔찍하게도 자기개념이 형편없었다. 그런 탓에 자신은 아무것도 누릴 자격이 없다고 생각했고, 자존감이 낮은 여자를 선택했다. 자기가 뭐라고 존경할 만한 여자의 사랑을 받을 수 있겠는가? 또한 찰스는 돈은 벌어도 되지만 쓰는 걸 즐겨서는 안 된다고 스스로 정해두었다.

찰스가 자존감을 되찾는 열쇠는 아이, 아니 좀 더 정확하게 말하자면 어른 안에 존재하는 아이—자기였다. 아이—자기라는 개념은 아주 중요하기 때문에 이 책 후반부에서 다시 소개하겠지만 여기서도 잠시 설명하고 넘어가겠다.

누구나 한때는 아이였다. 깨닫지 못해도 자기 안에 존재하는 아이는 자기 자신의 일부다. 때로는 성인의 삶을 살면서도 한때 자신이었던 아이의 의식 상태로 돌아가 그 아이의 가치와 감정, 관점, 경험을 처리하는 독특한 방식대로 모든 상황에 반응한다. 자발적이고 명랑한 아이로 돌아간다면 그래도 괜찮다. 하지만 불안하고 의존적인 아이, 세상을 제한적인 시야로 바라보는 아이가 되어버리면 자존감에도 부정적인 영향을 미친다.

내면의 아이를 인지하고, 그 아이와 친해지고, 고통스럽더라도 아이가 반드시 해야 하는 이야기를 경청하는 법을 배워야 한다. 내면의 아이를 환영하고 받아들임으로써 아이—자기를 어른—자기와 통합할 수도 있다. 아니면 두렵거나 고통스러워서, 혹은 당혹스러워서 내면 아이의 존재와 욕구를 의식하지 못한 채 그 아이와 연을 끊을 수도 있다.

하지만 이렇게 아이—자기를 버리고 통합하지 못하면 대체로 자신이 인지하지도 못하는 방식으로 큰 해를 입는다. 예컨대 행복한 삶을 살지 못하고, 직장에서 적절하지 못한 행동을 하고, 성인으로서 즐길 수 있는 자유를 스스로 부인하는 등 다양한 문제가 발생한다.

내면 아이를 버리면
일어나는 일들

∨∧∕∖

찰스는 유년 시절에 너무 고통스러워서 살아남기 위해 마음을 무디게 만들었고, 성장해 가는 과정에서 아이—자기를 비명이 일체 새어 나가지 않는 방에 가두었다. 나는 이러한 가설하에 찰스가 아이—자기를 구해내지 않으면 자존감을 회복하지 못한다는 결론을 내렸다. 아이—자기가 어른—자기에게 거부당하고 부인당하는 상황, 찰스의 일부가 다른 일부를 잔인하게 핍박하는 상황에서는 찰스의 자존감이 온전하게 보존될 수 없었다.

이러한 이유로 치료 초기 단계에서는 찰스가 어린 시절을 되짚어 보면서 인생에 대한 첫인상을 심어주었던 치욕과 굴욕, 혼돈과 위험이라는 감정을 더욱 깊이 들여다보게 했다. 주로 사용한 치료 방법은 내가 상당히 중시하는 문장완성 치료법이었다. 나는 찰스에게 완전하지 않은 문장, 즉 문장 앞절을 말해주고 매번 다르게 문장을 끝맺어 보라고 했다. 각각의 문장 뒷절이 진실이 아니거나 서로 충돌할지도 모른다는 걱정은 하지 말라고 덧붙였다. 치료 초기 단계에서 찰스와 나눈 대화를 발췌한 내용은 아래와 같다.

내가 찰스에게 '내면의 아이가 말을 할 수 있다면……' 하고 문장 앞절을 말하자 찰스는 다음과 같이 문장을 끝맺었다.

무서워.

이해 못 하겠어.

왜 엄마는 항상 나한테 소리치지?

왜 아빠는 날 때리는 거야?

왜 전부 다 말이 안 되는 거야?

왜 아무도 나와 놀아주지 않지?

다른 사람과 이야기하는 법을 모르겠어.

항상 악몽을 꾸는데 내가 울면 아빠가 나한테 소리를 질러.

아빠는 왜 내가 목욕할 때 들어와서 날 놀리는 거지?

왜 아무도 날 지켜주지 않아?

이어서 '내가 살아남으려면……' 하고 말하자 찰스는 이렇게
답했다.

조심해야 해요.

감정을 느끼지 말아야 해요.

숨어야 해요.

책을 읽어야 해요.

항상 눈을 뜨고 있어야 해요.

언제 위험이 닥칠지 모르니 항상 경계해야 해요.

아무도 믿지 말아야 해요.

혼자 서는 법을 배워야 해요.

다음 치료 시간에는 '나의 아이—자기가 원하는 것은……'이라는 문장 앞절을 제시했다.

마음 가는 대로 행동해도 된다고 허락받는 거예요.

내가 자기 이야기를 들어주는 거예요.

안전하다고 느끼는 거예요.

울어도 된다는 말을 듣는 거예요.

내가 자기를 잡아주는 거예요.

내가 아빠처럼 자기를 혼내지 않는 거예요.

내가 자기를 위로해 주는 거예요.

내가 곁에 있어 주는 거예요.

'내가 나의 아이—자기를 더욱 측은하게 여기고 사랑한다면……'

아이—자기가 좀 더 마음껏 놀 수 있게 해줄 거예요.

아이—자기의 외로움이 줄어들 거예요.

아이—자기는 모두에게 버림받았다고 느끼지 않을 거예요.

아이—자기가 가져본 적 없는 아빠가 되어줄 수 있어요.

아이—자기가 무엇이든 즐기게 해줄 거예요.

아이—자기를 위해 세상을 바로잡아 줄 수 있을 거예요.

아이—자기가 안전하다고 느낄 수 있을 거예요.

아이—자기와 나 자신을 치유할 수 있을 거예요.

나는 이러한 이야기를 자세하게 나누고 나서 찰스에게 말했다. "눈을 감고 어린 찰스가 눈앞에 서 있다고 상상해 보세요. 어린 찰스가 당신을 어떻게 바라보고 있나요? 어린 찰스의 눈빛이 어떤가요? 내가 지금 어린 찰스를 안아 올려 당신 무릎에 앉혀놓고 안아주라고 한다면 기분이 어떨 것 같나요? 두 팔로 아이를 안아주며 넌 안전하다고, 내가 이제 네 곁에 있다고, 영원히 네 곁을 떠나지 않겠다고, 이제는 누군가에게 의지하고 그 사람을 믿을 수 있다고 다독여 주라고 한다면 기분이 어떨지 생각해 보세요."

나는 찰스가 아이—자기를 별개의 독립체로 여겼으면 했다. 그와 동시에 지금은 연이 끊겼지만, 나중에 통합해야 하는 자신의 일면을 마주하고 있다는 사실을 깨닫기를 바랐다.

찰스는 울먹거리면서 말을 꺼냈다. "어린 찰스는 상처받은 것 같아요. 화도 난 것 같고, 아무도 못 믿겠나 봐요. 그러면서도 사람을 믿고 싶은 마음이 간절하죠……. 그 아이를 생각하니까 기분이 좋아요."

"바로 그거예요. 그 아이가 당신과 함께 울 수 있게 해주세요. 그렇게 함께 울면서 말로 표현할 수 있는 것 이상을 진심으로 이해하게 되면…… 말이 더 이상 필요 없는, 그런 느낌을 받을 수 있을 거예요."

찰스는 상상과 환상을 통해 시간을 거슬러 올라가 자신의 아이—자기를 구출하고, 고통을 완화하고, 그 아이에게 뭔지도 몰랐던 위로와 지지, 일관성을 보여주었다. 그러면서 그 아이를 '용서'하기 시작했다. 자신의 아이—자기가 더 나은 대처 방법을 몰라서 자기가 아는 유일한 생존 방법을 고수했다는 사실을 알고서 그 아이를 용서했다. 아니, 실은 용서할 필요도 없다는 사실을 깨달았다. 이러한 관점을 받아들이고 통합하자 찰스의 자존감이 높아지기 시작했다.

자존감이 높아지자 찰스는 더욱더 어른스럽고 남성적으로 변했다. 찰스의 아이—자기는 찰스의 얼굴에 고통이 아니라 생기를 더해주었다. 이후 몇 주 동안은 온전히 자기 주도적으로 자신의 인생을 더욱 많이 바꿔나갔다. 비싼 옷을 사 입지 못한다고 부끄러워하지 않고 옷도 더욱 잘 차려입었다. 그저 그런 아파트에서 근사한 집으로 이사도 했다. 만족스럽지 못했던 3년간의 연인관계도 끝내고 훨씬 지적이고 독립적이며 성취감이 높은 여자와 데이트하기 시작했다. 찰스는 한층 활기차고 결단력 강한 사람이 되었다. 더욱 생기가 넘쳐 보였다.

찰스는 연이 끊어졌던 자신의 중요한 일부를 되찾아 통합하면서 스스로도 인정할 만큼 훌쩍 성장했다. 자존감을 키우면서 찰스의 인생도 달라졌다.

여러분도 한때 아이였던 자신에게 어떤 감정을 품고 있는지 살펴보고, 아이—자기가 오늘날 내 인생에서 어떤 역할을 담당하고 있는지 생각해 보기를 바란다.

긍정적인 자기개념의 놀라운 힘

\/\/\/

에바는 열다섯 살에 학교에서 정학당했다. 학교에 가든 데이트하러 가든 약속한 시간에 집에 돌아오는 일이 드물었다. 에바의 부모님은 에바가 거짓말을 자주 한다고 불평했다. 에바의 엄마는 자신도 결혼 전에는 다소 '거친' 삶을 살았다고 털어놓았다. "정말 걱정돼요. 에바는 그 나이 때의 저랑 너무 많이 닮았어요." 주식 중개인인 에바의 아빠는 이렇게 말한다. "저도 십 대였던 시절이 있어서 그 시기가 어떤지 잘 압니다. 저도 천사는 아니었죠. 에바도 저와 아내의 젊은 시절 이야기를 들어서 잘 알고 있어요. 전 에바를 사랑해요. 그렇지만 지금 그 아이 행동은 좀 걱정스러워요."

에바의 오빠는 착한 학생에 모범적인 아들이었다. 에바는 치료를 받으면서 오빠가 자기보다 낫고 훨씬 똑똑하다고 생각한다고 털어놓았다. 자기가 툭하면 오빠에게 시비를 건다는 사실도 잘 알고 있었다. 에바는 '나쁜' 행동으로 관심을 끄는 방법밖에 모르는 게 분명했다. 다시 말해 에바는 자기개념이 형편없어서 자기 인생이 불행하다고 생각하는 것 같았다. 그렇다면 자기개념과 행동을 어떻게 개선할 수 있을까?

나는 에바에게 거울 앞에 앉아서 자신을 유심히 살펴보라고 했다. 에바는 자기 자신을 보는 게 끔찍하게 싫다고 했다. 거울에 비친 자신의 모든 게 싫다고 했다.

나는 에바에게 일주일 동안 거짓말을 단 한 번도 하지 말아보라고 했다. 그렇게 한다면 다음 치료 시간에는 거울에 비친 자기 모습이 달라 보여서 놀랄 거라고 했다. 어쩌면 변화가 미미해서 아주 유심히 살펴봐야 알아차릴 수 있을지도 모른다고 덧붙였다. 에바는 어처구니없는 소리 같다고 하면서도 한번 해보기로 했다. 나는 에바의 부모님에게도 한 주 동안 에바가 하는 이야기를 모두 들어주고 거짓말이 아닐까 하고 의심하지 말아달라고 따로 부탁했다.

다음 치료 시간에 에바는 거울 앞에 앉아 이렇게 말했다. "제가 더 끔찍해 보여요." 그러더니 엄마에게 거짓말을 세 번 했다고 털어놓았다. 그런데도 추궁받지 않아서 놀랐다고 했다. 에바는 다음 주에 한 번 더 도전해 보기로 했다.

한 주가 지난 후 에바는 일찍 도착해서 상담실로 들어오기도 전에 대기실에서 소리쳤다. "한 주 내내 거짓말을 한 번도 하지 않았어요!" 에바는 급히 거울로 다가가 자신을 바라보았다. "음, 선생님, 뭔가 보여요?" 에바가 날 돌아보면서 부드럽게 물었다.

"일주일 동안 정직하게 지내겠다고 마음먹은 여자아이가 보이는데." 하지만 에바는 계속 다그쳐 물었다. "제가 달라 보여요?" 나는 에바에게 거울을 다시 보고 직접 판단해 보라고 했다. "훨씬 행복해 보여요." 에바가 자신 있게 말했다.

"그게 달라진 점이네, 그렇지?"

나는 에바에게 이번에는 매일 부모님에게 약속한 시간에 집에 들어가 보라고 했다.

다음 치료 시간에는 에바의 부모님 이야기를 약간 나누었다. "엄마랑 아빠가 크게 다퉜어요."

놀라운 이야기는 아니었다. "너 때문에 싸우셨니?" 내가 물었다.

"아뇨. 두 분 문제 때문에 싸웠죠." 이러더니 에바는 거울 앞에 앉아서 자기 모습을 보며 이렇게 혼잣말했다. 나는 에바의 통찰력에 흐뭇해져서 아무 말도 덧붙이지 않았다. "제가 더 예뻐지는 것 같아요." 에바가 거울을 들여다보며 선언하듯 말했다. 자기가 한 약속을 성공적으로 지켰다고 나한테 직접적으로 말하는 대신 그렇게 말한 것이었다.

이후 치료 시간에는 문장완성 연습을 시도해 봤다. 다음과 같은 문장 앞절을 제시하자 에바는 아래와 같이 답했다.

▨ 나 자신이 제일 좋을 때는……

다른 사람처럼 되려고 하지 않을 때예요.

내가 하겠다고 한 일을 했을 때예요.

수업 시간에 농땡이 부리지 않을 때예요.

숙제할 때예요.

진실을 말할 때예요.

아빠와 재미있게 놀 때예요.

멍청이인 척하지 않고 머리를 쓸 때예요.

말썽 피우지 않을 때예요.

마약을 하지 않을 때예요.

▨ 나 자신이 제일 싫을 때는……

멍청하게 굴 때예요.

무기력하게 행동할 때예요.

관심을 끌려고 말썽을 일으킬 때예요.

과식할 때예요.

충동적으로 행동할 때예요.

사람들에게 제 의견을 말하지 않을 때예요.

거짓말할 때예요.

약속을 어길 때예요.

나는 이와 동시에 에바의 부모님도 따로 만나서 상담했다. 에바의 부모님에게는 에바가 달라지고 나아지면서 에바 문제로 시선을 돌릴 수 없어서 결혼생활이 예전보다 훨씬 더 힘겨워질 거라고 경고했다. 자신들의 결혼 문제를 회피하려다 에바의 치유를 방해할 수 있다고 대놓고 말했다. 에바의 부모님뿐만 아니라 에바와 에바의 오빠까지 온 가족이 정기적으로 만나서 에바의 변화에 다들 어떻게 반응하는지 살펴보기로 했다. 이제 에바는 모든 가족 구성원에게 이로운 방식으로 관심을 받고 싶다는 소망을 이루었다. 에바의 가치감은 (사랑받을 수 있다는 느낌과 자신을 매력적으로 바라보는 관점까지 더해서) 정직성, 통합성과 어우러졌다.

에바가 책임감 있게 살아가는 법을 배우면서 에바의 자존감이 높아졌다. 에바는 자신을 더욱 사랑하게 되었다. 책임감 있게 살고 싶은 욕구도 강해졌다. 학교 성적도 좋아졌다. 친구들과 함께할 활동을 고르는 안목도 훨씬 높아졌다. 오빠와도 사이가 좋아졌다. 또한 에바가 상담을 받으면서 에바의 부모님은 자신들의 문제 때문에 에바가 얼마나 힘들어했는지 깨달았다. 결국은 에바의 부모님도 결혼생활 상담을 받았다.

에바는 부모님의 존경할 만한 성격과 그렇지 않은 성격을 구분하는 법을 배웠다. 부모님의 본받을 만한 성격도 더욱 잘 구별해 냈고, 부모님 본인이 떳떳하게 여기지 못하는 성격은 받아들이지 않았다. 그러자 에바의 부모님은 안도의 한숨을 쉬었다. 부모로서 느꼈던 죄책감을 조금이나마 떨쳐냈고, 독립적이고 강인한 어른으로 성장하고자 하는 에바의 노력을 지지해 주는 법을 배웠다.

에바가 자존감을 높이고 싶다면 무엇보다 제일 먼저 거짓말을 그만해야 했다. 에바는 남에게 자기 행동을 사실대로 말하지 않았고, 자신의 잠재력을 외면하고 부적절한 사람인 척하면서 자신도 속였다. 에바가 변하려면 다른 작업도 상당히 많이 필요했지만 무엇보다 진실하게 실험에 임해야 했다.

이러한 에바의 심리와 유사한 면이 여러분에게도 있는가?

앞서 내가 소개한 일화들은 상당히 많이 생략되었다. 이 책에서는 심리치료 기법을 소개하지 않는다. 나는 이 책의 목적에 부합하는 요점을 강조하기 위해서 일화를 요약했다. 나는 누구이며 무엇이다는 생각이 행동에 미치는 영향력을 알리고, 자기개념의 놀라운 힘을 일깨워 주고 싶어서 일화들을 제시했다.

무엇보다 중요한 사실은 모든 사람은 자신의 자존감을 높일 수 있고, 자신을 더욱 많이 사랑하고 신뢰하는 법을 배울 수 있고,

자신의 효율성을 더욱 확신할 수 있다는 것이다.

사실 심리치료를 받아야 자신의 문제를 해결할 수 있는 사람들도 있다. 하지만 대부분은 노력하고자 하는 마음만 있다면 자기 스스로 많은 일을 해낼 수 있다. 이런 상황은 운동과 비슷하다. 코치나 트레이너의 도움을 받는다면 분명 일이 훨씬 쉬워지겠지만 전문가 없이 이 책을 적절한 길잡이로 삼아도 자신의 상태를 크게 호전시킬 수 있다. 문제는 의지와 결단력이 있는가이다.

사람은 누구나 성공적인 삶을 살고 싶어 한다. 자신이 현실적으로 실현 가능한 최고가 되기를 바란다. 이러한 욕구를 해소해주는 열쇠가 자존감이라면 자존감은 어떻게 키워야 할까?

하루 15분, 자존감을 키우는 문장완성 연습
자기개념

다음의 문장 앞절을 보고 너무 오래 생각하지 않은 채 최대한 빠르게 여섯 개에서 열 개까지 문장의 뒷절을 완성해 본다. 이때 문장 뒷절이 사실과 다르거나 다른 문장 뒷절과 상충할까 봐 걱정할 필요는 없다. 문장완성 연습을 한다고 생각하고 가벼운 마음으로 기록해 본다.

◇ 나 자신이 가장 좋을 때는……

_____

_____

_____

_____

_____

_____

◇ 나 자신이 가장 싫을 때는……

_____

_____

_____

◇ 내게 높은 자존감을 안겨줄 수 있는 사람이 나밖에 없다면……

◇ 내 자존감을 키울 수 있는 방법은……

〰〰〰

3장

〰〰〰

자존감 수업 둘

의
식
하
며

살
기

독립적인 사고가
자존감을 높인다

자존감을 높이는 방법, 다시 말해 자기확신과 자기존중을 더욱 크게 키우는 방법을 두 단어로 묘사하자면 최적의 표현은 이렇다. 바로 '의식하며 살기'다. 다만 이 표현은 너무 추상적이라서 몇몇 사람들은 이해하기 어렵다는 문제가 있다. 의식하며 사는 구체적인 정신 활동이나 신체 활동도 명확하게 떠오르지 않는다. 성장하고 싶다면 뭘 해야 하는지 알아야 한다. 새로운 행동을 배워야 한다. 그러자면 이렇게 자문해 봐야 한다. 더욱더 의식하며 살기 연습을 한다면 행동이 어떻게 달라질까?

이 질문의 정확한 답을 알아내려면 이 책을 끝까지 읽어봐야 한다. 하지만 그 전에 의식하는 삶이 자기확신과 자기존중의 기반이 되는 이유부터 살펴보겠다.

인간의 정신은 기본적인 생존 수단이다. 인간의 특출한 모든 성취는 사고 능력을 반영한 결과다. 성공적인 삶은 지능을 적절하게 사용하느냐에 달려 있다. 다시 말하자면 지능을 적절히 사용해서 자기가 직접 설정한 과제와 목적, 자기 앞에 닥친 고난을 해결해야 성공적인 삶을 영위할 수 있다. 이것이 바로 존재의 핵심이 되는 생물학적 사실이다.

하지만 의식은 자동적으로 적절하게 조절되지 않는다. 의식

조절은 하나의 '선택 행위'다. 그러므로 자유롭게 의식을 높이거나 낮출 수 있다. 더욱 많이 또는 적게 보겠다고 마음먹을 수도 있다. 무언가를 알고 싶어 할 수도 있고, 알고 싶지 않다고 마음을 닫아버릴 수도 있다. 무엇이든 명확하게 밝히려 할 수도 있고, 뿌연 안개 속을 걷고 싶어 할 수도 있다. 의식하는 삶을 살거나 현실적인 이유로 의식하지 않는 삶을 살 수도 있다. 혹은 그 중간쯤 되는 삶을 선택할 수도 있다. 이것이 바로 자유의지다.

의식의 적절한 조절 여부가 인생과 행복을 좌우한다면 '눈 멈'blindness 보다 '깨인 눈'sight 을 얼마나 존중하느냐가 자기확신과 자기존중에 영향을 미치는 가장 중요한 결정 요인이 된다. 직장에서나 결혼생활에서, 혹은 육아에서 안개 낀 듯 흐릿한 정신 상태로 거니는 행동을 자초한다면 인생을 잘 살아가고 있다고 느끼기 어렵다. 기본적인 생존 수단을 버린 채 아무 생각 없이 산다면 사람들의 인정을 받고 못 받고를 떠나서 자신이 가치 있는 존재라는 믿음이 약해진다. 자신의 결점은 다른 사람이 알든 모르든 자기가 잘 안다. 자존감은 자기 스스로 쌓아 올리는 명성이다.

하루에도 천 번은 의식을 어느 정도로 조절할지 선택해야 한다. 사고할지 말지도 하루에 천 번은 선택해야 한다. 무엇을 선택하는지에 따라서 자신이 어떤 사람인가 하는 생각이 정립되고, 합리성과 통합성이 드러난다. 이것이 바로 내가 말하는 명성이다.

똑똑해질수록 의식하는 잠재 능력이 더욱 커진다. 하지만 의식하는 삶의 원칙은 지능 수준과 상관없이 똑같다. 의식하며 산다는 것은 자기 행동과 목적, 가치, 목표와 관련 있는 모든 것을 인지하고, 자기가 보고 아는 것과 일치하는 행동을 한다는 뜻이다.

어떤 상황에서든 의식하며 사는 것은 당면한 과제에 적절한 정신 상태를 가진다는 뜻이다. 운전할 때, 사랑할 때, 쇼핑 목록을 작성할 때, 손익 계산서를 살펴볼 때, 명상할 때 등 각기 다른 정신 작용에는 각기 다른 정신 상태가 필요하다. 정신적 기능이 적절하게 작용하고 있는지 아닌지는 상황에 따라 달라진다. 의식하는 삶이란 자기가 하는 활동에 적합한 의식을 책임지고 갖추는 것이다. 이것이 바로 자기확신과 자기존중의 기반이 된다.

자존감은 하나의 기능으로 타고나는 것이 아니라 의식을 사용하는 방법이다. 다시 말해 의식할지 말지, 현실을 얼마나 정직하게 바라볼지, 개인적 통합성을 어느 수준까지 유지할지 선택한 결과가 쌓여서 자존감이 형성된다. 지능과 자존감이 모두 높은 사람이 자존감은 높지만 지능이 보통인 사람보다 삶에 훨씬 더 적합하다거나 더욱 행복하다고 느끼는 것은 아니다.

의식하며 산다는 것은 현실의 사실, 즉 외부 세계뿐만 아니라 내면 세계의 사실을 존중한다는 뜻이다. '내가 보지 않거나 인정하지 않으면 존재하지 않는다'는 태도와는 정반대된다. 의식하는 삶은 책임감 있게 현실을 살아가는 것이다.

그렇다고 자기가 본 것을 좋아해야 한다는 말은 아니다. 뭔가가 있고 없다는 사실을 있는 그대로 인식하고, 소망이나 두려움, 부인으로 사실을 바꾸지 못한다는 점을 인지하는 것이 의식하며 사는 삶이다.

다음 일화를 통해 의식하며 사는 삶이 무엇인지 살펴보자.

스스로 생각하고 행동하는 사람은 뭐가 다를까

∨∧∕∨

의식하는 삶 존은 새 직장을 얻었을 때 필요한 자질을 완벽하게 갖추려고 할 수 있는 일은 뭐든지 다 했고, 업무를 보다 효율적으로 처리할 방법을 계속 찾아보았다. 그 외에도 일을 처음 시작한 자리에 머무르지 않고 점점 더 높이 올라설 자격을 갖추려고 보다 폭넓은 맥락에서 업무를 파악하려고 애썼다. 존의 기본적인 욕구는 배워서 자신감과 생산성, 능력을 높이는 것이었다.

의식하지 않는 삶 짐은 존과 같은 회사에 취직했을 때 일상적인 업무를 숙지하고 나쁜 인상을 남기지 않으면 안전을 보장받을 수 있겠다고 생각했다. 도전은 위험하고 생각이 필요한 일이라서 하고 싶지 않았다. 짐은 배운 것을 반복해서 처리하는 데 필요한 최소 수준까지만 의식하며 일했고, 자발적 기여에는 전혀 관심이 없었다. 사람을 사귀거나 몽상에 빠져 있을 때가 아니면 컴퓨터에서 눈을 떼는 일도 거의 없었다. 짐은 자기 업무를 한층 폭넓은 관점에서 바라보고 싶은 마음이 전혀 없었다. 왜 굳이 그래야 한단 말인가? 짐은 자리를 지키는 게 자기 일이라고 생각했다. 다섯 시 정각이 되면 퇴근하려고 눈앞에 작은 시계도 갖다 놓았다. 관리자에게 실수를 지적받으면 보통 변명을 늘어놓았고 속으로는 화를 냈다. 그래놓고도 존은 승진했는데 자기는 승진 못 하자 당혹스러워하면서 격노했다.

이 두 사람 중 누구의 행동이 당신과 비슷한가? 그러한 행동이 당신의 자존감에 어떤 영향을 미치는가?

의식하는 삶 행복한 결혼생활을 즐기는 세레나는 한때 내게 이렇게 말했다. "제가 남편을 만난 지 한 시간 만에 그와 함께 살기 힘든 점이 얼마나 많이 보이던지 그에 관한 강의도 할 수 있을 정도였어요. 남편과 살며 그가 자기 생각에 골똘하게 빠져 사는 사람이라는 사실도 그대로 받아들였어요. 그이는 가끔 정신이 딴 데 팔린 교수 같아요. 자기만의 세상에서 많은 시간을 보내죠. 그럴 땐 저도 그 점을 인지하고 있어야 해요. 아니면 나중에 화가 많이 나거든요. 그이는 자기가 그런 사람이라는 사실을 숨기려고 들지 않았어요. 전 상대의 몰랐던 모습이 드러나서 상처받거나 충격받았다고 하는 사람들을 도무지 이해 못 하겠어요. 그냥 관심 있게 지켜보기만 하면 어떤 사람인지 확연하게 드러나니까요. 제 평생 지금 결혼생활보다 더 행복했던 적은 없어요. 남편이 '완벽'하거나 '결점이 없는' 사람이라고 생각하기 때문이 아니에요. 남편에게 결점이 있다고 생각하기 때문에 남편의 장점과 미덕을 감사하게 여기는 것 같아요. 전 모든 걸 기꺼이 다 보려고 하죠."

의식하지 않는 삶 캐롤은 심리치료를 받으러 온 첫날에 이렇게 말했다. "전 남자운이 진짜 최악이에요. 최근에 사귄 연인 세 명에게 매번 구타당한 여자가 몇이나 되겠어요? 왜 이런 일이 일어나는지 모르겠어요. 왜 저예요? 왜 제가 이런 일을 당하냐고요?

남자를 만나기 전에 어떤 사람인지 알아보는 그런 수고스러운 짓은 안 하는데…… 사실 서로를 잘 모를 때 살짝 흥분되고 그러잖아요. 그러다가 남자가 주먹을 휘두르기 시작하면 항상 크게 충격을 받죠. '이런 일이 일어나다니 믿을 수 없어!' 하고요. 실은 저도 아는 것 같아요…… 결국은 그 남자가 문제를 일으킬 거라는 걸요. 조짐이라는 게 보이거든요. 그런데도 전 다 잘되기를 바란다니까요! 남자를 만날 때마다 그 남자가 운명의 상대였으면 좋겠다고 생각하죠. 그 사람이 다른 여자들한테 어떻게 했는지 듣고도 '나한테는 다를 거야.' 하고 혼잣말하고요. 엄마는 항상 띌 곳을 먼저 보고 뛰라고 하셨죠. 하지만 그래서는 재미가 있겠어요? 전 그냥 눈을 감고 뛰어내리는 게 좋아요. 무슨 일이 생기든 상관하지 않죠! 그게 제 철학이에요. 좀 더 나은 남자를 만나기만 하면 되는데."

보다시피 두 여자는 인간관계에서 완전히 상반된 태도를 보인다. 관계를 맺는 당신의 태도는 어느 쪽과 비슷한가?

의식하는 삶 로저는 성장하면서 이해할 수 없는 일을 많이 보고 들었다. 로저의 엄마는 정직이라는 미덕을 갖춰야 한다고 아들에게 여러 차례 설교해 놓고 자신은 이웃에게 거짓말을 했다. 로저의 아빠는 아내에게 "그래, 당신 말이 맞아. 내가 잘못했어, 미안해"라고 사과한 직후에 증오에 찬 표정으로 아내를 바라봤다. 이렇듯 로저는 어른들 대부분이 대체로 자기감정을 솔직하게 말하지 않는다는 사실을 알아차렸다. 어른들은 보통 행복해 보이지 않고 패배감에 젖어 있으면서도 남에게는 성공적인 삶을 살라고 설교했다. 무엇이 옳은가보다는 남이 어떻게 생각하는지에 더욱 관심이 많아 보였다. 로저는 그런 어른들의 모습에 실망했고, 때로는 두려웠다. 그런데도 계속 그들을 관찰하며 이해하려고 애썼다. 로저는 자기 주변의 어른처럼 되기 싫었다. 때로는 진정으로 존경할 수 있는 사람이 그리워서 외로웠다. 하지만 자기가 아는 사람들을 존경하는 척하지는 않았다. 로저는 한시라도 빨리 커서 큰 세상으로 나가 지금보다 더 나은 길을 찾고 싶었다. 그러면서도 무엇보다 명료한 시각을 유지하고 절망감에 굴복하지 않는 게 가장 중요하다고 다짐하듯 자신에게 말했다. 로저는 주변 사람들에게 상처받고 공격당하고 외면당하면서도 끝까지 포기하지 않고 인내했다. 어른이 되어서는 자기가 존경할 수 있는 친구를 찾으려고 했다. 어렸을 때 뭐라고 불러야 할지도 모르면서 꿈꾸었던 그런 삶을 살 수 있는 가망성을 찾으려고 했다. 마침내 어른이 되었을 때 로저는 자신이 꿈꾸던 삶을 뭐라고 불러야 할지 알았고, 현실을 마주했다.

의식하지 않는 삶 밀턴은 로저와 비슷한 환경에서 자랐지만 아주 어렸을 때 로저와는 다른 결론을 내렸다. 말없이 침울하게 살기로 마음먹은 것이었다. 너무 많은 것을 보면 위험했다. 밀턴은 어딘가에 속하고 싶었고 사랑받고 싶었다. 밀턴에게는 그게 다른 무엇보다 중요하게 느껴졌다. 그래서 밀턴은 어른들이 거짓말하거나 위선을 떨고 잔인하게 굴 때 모르는 척했고, 그들의 행동을 흉내 내는 법을 배웠다. 결국에는 그게 숨 쉬는 것처럼 자연스러워졌다. 서른 살이 된 밀턴은 친구들과 술을 마시면서 이렇게 말했다. "인생 비법 하나 알려줄게. 그냥 하던 대로 하고 생각은 하지 않는 거야. 그럼 고통도 느끼지 못해." 다들 밀턴이 좋은 사람이라고 생각했지만 밀턴의 아이들은 자기들을 바라보는 아빠의 공허한 눈빛에 당혹스러워했다. 하지만 다른 사람들의 눈에 비친 밀턴은 지극히 정상이었다. 이것이 바로 밀턴이 항상 원했던 바였고, 영혼을 팔아서라도 이루고 싶었던 결과였다. 실제로 밀턴은 그 꿈을 이루었다.

이 두 사람 중 누구의 심리를 당신 자신과 연관 지어 생각할 수 있는가? 이를 토대로 드러난 사실이 있는가?

의식하는 삶 카렌은 생화학 분야 연구 과학자였다. 동료들한테서 크게 지지를 얻은 이론을 창시했고, 그에 관한 논문도 몇 편 내서 호평받았다. 그러다가 오스트레일리아에서 출간된 인지도 낮은 저널을 보던 중, 검증되기만 한다면 자신의 이론을 완전히 무효화시키고도 남을 만한 실험적인 연구 결과를 발견했다. 카렌은 그 실험적 연구를 재현해 보고는 진짜로 자신의 이론이 틀렸음을 깨닫고 그 사실을 공표하는 논문을 출간했다. 냉소적인 동료 한 명은 카렌에게 아무도 들어본 적 없는 저널을 근거로 자기 경력을 깎아내리는 짓을 굳이 왜 했냐고 물었다. 이에 카렌은 왜 그런 소리를 하는지 이해 못 하겠다는 표정으로 동료를 쳐다보는 바람에 그 사람의 화를 더욱 돋우었다. "난 진실에 관심이 있어." 카렌이 말하자 카렌의 동료는 어깨를 으쓱거리며 이렇게 대답했다. "진실이 뭐라고 진실 타령이야?"

의식하지 않는 삶 직종과 상관없이 위의 일화에 등장한 동료의 사고방식이 이에 해당한다.

진실을 바라보는 이 두 가지 상충하는 태도 중 어느 쪽이 당신의 태도와 비슷한가? 당신은 얼마나 일관된 태도를 갖고 있나? 이글을 읽고 나는 어떤 사람인지에 대한 당신의 생각이 어떻게 달라졌는가?

의식하는 삶 제리는 아내와 격하게 다투다가 갑자기 그만두고 이렇게 말했다. "잠깐만. 내가 방어적으로 굴면서 당신 이야기를 전혀 듣지 않는 것 같아. 잠시 물러섰다가 다시 이야기할 수 있을까? 내가 당신 말을 이해하고 있는지 확인해 보고 싶어."

의식하지 않는 삶 필립의 아내는 몇 년 전부터 남편에게 결혼생활이 행복하지 않다고 말했다. 하지만 그때마다 남편은 졸려서 도저히 못 듣겠다는 듯이 반응했다. 필립의 아내는 남편의 정신이 훨씬 맑을 거라는 생각에 이른 아침 시간을 택해 남편과 이야기를 나누려고 했다. 하지만 남편은 이렇게 쏘아붙였다. "왜 항상 그렇게 곤란한 주제를 꺼내는 거야?" 아내가 그럼 언제 이야기를 나누는 게 좋겠냐고 묻자 필립은 이렇게 대답했다. "이제는 날 궁지에 몰아넣으려고 하잖아! 난 이런 압박감은 못 견뎌!" 아내는 남편에게 소통하는 법을 배우지 못하면 그와 함께 못 산다고 말했다. 그러자 필립은 이렇게 소리쳤다. "다른 주부들은 당신보다 더 행복하다고 생각해?" 그러고는 집 밖으로 나가버렸다. 몇 년 동안 이렇게 자리를 피했던 필립은 어느 날 집에 돌아왔다가 아내가 사라졌다는 사실을 발견했다. 집 안에는 더 이상 견딜 수 없다는 아내의 쪽지만 덜렁 남아 있었다. 필립은 텅 빈 집에 대고 이렇게 소리쳤다. "이게 대체 무슨 일이야? 어떻게 이런 일이 일어날 수 있지? 어떻게 나한테 기회 한번 주지 않고 그냥 떠나버릴 수 있냐고?"

이 두 사람의 행동 중에서 한층 더 공감 가는 행동이 있는가? 이 두 일화에서 자신의 모습을 찾아볼 수 있는가? 그 모습이 마음에 드는가, 싫은가?

의식하는 삶 케이는 새로운 목표를 세울 때마다 어떻게 달성할지를 즉각 자문해 보았다. 자기 사업을 시작할 때는 바라는 목표에 단계적으로 접근하는 일련의 자세한 부차적 전략들을 포함해 구체적인 행동 계획을 세웠다. 그러고는 행동에 나섰다. 케이는 누군가가 자신의 꿈을 대신 이뤄주기를 기다리지 않았다. 뭔가가 잘못되면 보통 이렇게 반응했다. "내가 뭘 놓쳤지?" 장애물을 만나면 남을 비난하지 않고 해결책을 생각했다. 케이는 자기가 원하는 결과를 도출해 내려고 책임을 다했다. 마침내 성공했을 때는 조금도 놀라지 않았다.

의식하지 않는 삶 메리는 여성복 가게에서 일하는 게 싫었고, 자기 가게를 차리는 게 꿈이었다. 하지만 가게를 잘 운영할 거라고 자신하는 이유가 뭐냐고 물어보는 친구들에게 이렇게 말했다. "그냥 멋질 것 같지 않아?" 상사한테서 일은 안 하고 공상만 한다고 질책당했을 때는 난 야망이 있는 사람이라 이런 하찮은 일에 집중하기 어렵다고 혼잣말했다. 직장에서 좀 더 진취적인 태도를 보이면 좋을 거라는 친구의 충고에는 이렇게 답했다. "왜 다른 사람을 위해서 죽도록 일해야 해?" 마침내 고용주한테서 더 이상 일하러 나오지 않아도 된다는 소리를 들었을 때 메리는 충격을 받았고, 배신감을 느꼈다. 자기 꿈을 실현하는 사람들이 있는 것 같은데 왜 자신은 그러지 못하는지 의아했다. 메리는 이렇게 생각했다. "난 아직 그렇게 파렴치한 인간이 아니라서 사업에 성공 못 하나 봐." 메리는 가슴속에 싹트는 증오를 어렴풋이 느꼈지만 그 감정을 불공정한 '체계'에 대한 '분노'라고 명명했다.

두 사람 중 누구를 보고 있으면 당신 자신을 보는 것 같은가? 그 때문에 당신의 자기확신과 자기존중이 영향을 받는가?

의식하는 삶 엘리자베스는 건축업자인 남편을 사랑했다. 남편이 몇몇 건설 프로젝트에서 비용을 절감하려고 부도덕한 방법에 가까운 편법을 사용한다는 사실을 알았을 때는 마음이 심란했다. 건설업 경기가 좋지 않고 경쟁이 치열하다는 사실은 잘 알고 있었다. 하지만 엘리자베스 자신도 일이 바빠서 남편이 사업 문제로 얼마나 걱정하고 있는지 알아차리지 못했다. 엘리자베스가 남편에게 그 이야기를 처음 꺼냈을 때 남편은 화를 내면서 방어적으로 굴었다. 하지만 엘리자베스가 끈질기게 물어보자 남편도 아내가 따지려는 게 아니라 걱정돼서 물어본다는 사실을 알고는 불안한 심정을 점점 더 많이 털어놓았고, '편법'을 쓸 수밖에 없는 사정을 이야기했다. 두 사람은 한동안 상당히 힘든 시간을 보냈다. 때로는 이성을 잃고 서로에게 고함을 질렀다. 하지만 결국에는 이성과 사랑, 상호 존중이 이겼다. 엘리자베스의 남편은 최근에 저질렀던 위법 행위를 바로잡고, 과거의 진실성을 되찾겠다고 다짐했다. 엘리자베스는 남편이 역경을 헤쳐 나갈 수 있게 자신감을 북돋아 주었다. 또 다른 폭풍을 이겨낸 두 사람의 결혼생활은 전보다 더욱 탄탄해졌다. "누군가를 진심으로 사랑하면 그 사람과 맞서야 하는 상황에서 두렵다고 물러서지 않아요." 엘리자베스는 이렇게 말했다.

의식하지 않는 삶 루이스는 남편 폴이 저녁 식사 시간에 집에

데려온 유망한 새 파트너 때문에 불편했다. 폴은 자동차 정비소 몇 개를 소유하고 있었는데 자본이 부족한 상태였다. 그러던 차에 그 남자가 사업 지분을 받는 대신에 자금을 조달하겠다고 제안한 것이었다. 루이스는 저녁 식탁에서 오가는 대화를 전혀 이해하지 못했고, 대화에 집중하려고 하지도 않았다. 사업은 남자들 일이 니까 자신은 사업 생각도 하지 말아야 한다고 혼잣말했다. 흘려듣기로는 남편의 새로운 파트너가 사업을 실질적으로 운영하는 소유주는 폴이지만 서류상 과반수 소유주는 자신이라고 말하는 것 같았다. "제가 정비소 사업에 관해서 뭘 알겠습니까?" 폴의 새로운 파트너는 이렇게 말했다. 루이스가 말을 걸 때마다 남편은 집중하지 못한 채 초조해하고 슬그머니 짜증을 냈다. 그래도 루이스는 집안의 평화를 유지하는 게 아내의 가장 중요한 의무라고 자신을 다독이면서 아무 말도 하지 않았다. 두 사람의 나머지 대화는 아예 듣지 않았다. 폴이 변호사의 확인을 거치지도 않고 계약서에 서명하는 걸 보고도 아무 말도 하지 않았다. 그 문제는 생각하지 않기로 했다. 새 파트너가 폴과 의논하지도 않고 직원을 한 명씩 해고하고 미숙한 직원을 고용하는 걸 보면서도 신경 쓰지 않기로 했다. 폴의 수입이 이유도 없이 감소하는데도 거기에 대해 생각하거나 말하려고 하지 않았다.

어느 날 폴이 집에 와서 개인파산을 신청했다고 했다. 그렇게 매번 충격을 받을 때마다 루이스는 자신의 의식이 점점 닫혀가는 것 같았다. 이제는 눈물이 펑펑 쏟아져 나왔다. 사실 폴도 같이 눈물을 쏟아냈지만 두 사람은 아무 말도 하지 않았고, 아무 생각도 하지 않았다. "생각할 게 뭐가 있겠어? 운이 나빴을 뿐이야. 누구나 당할 수 있는 일이지." 어느 날, 폴이 침묵으로 일관하는 루이스에게 말했다. 루이스는 폴에게 소리 지르지 않으려고 필사적으로 머릿속을 비웠다. 루이스는 남편보다는 부모님에게 배신당한 기분이었다. 오래전에 부모님은 여자가 순종적으로 남편 뒷바라지를 하며 남편에게 대들지 않으면 행복해질 거라고 했는데 루이스는 그렇게 했음에도 행복하지 않았다. 왜 인생이 날 속인 걸까? 루이스는 쓸쓸해하면서 속으로 이렇게 생각했다. '폴이 어떻게든 할 거야.' 루이스나 폴은 남편과 아내가 함께 인생 문제를 생각하고 논의할 수 있다고는 전혀 생각하지 않았다.

위 이야기에서 당신과 비슷한 부분을 찾았는가? 있다면 어떤 부분인가? 그런 점을 찾아내서 뿌듯한가? 아니면 슬픈가?

의식하는 삶 노만은 마흔두 살이 됐을 때 자신이 세웠던 주요한 목표를 모두 이루었다고 생각했다. 행복한 결혼생활을 하며 세 아이를 사랑하고 자랑스럽게 여겼고, 의사로서도 성공했다. 하지만 마음속 깊은 곳에서는 불만이 점점 더 크게 피어올랐다. 자기도 모르는 자기의 일부가 자신의 의식적 마음에 신호를 보내려는 것 같았다. 처음에는 흩어진 갈망밖에 인지하지 못했다. 노만은 그 감정을 털어내지 못한 채 지켜보기만 했다. 그러자 오래전에 잊어버렸던 젊은 시절의 꿈이 조금씩 떠올랐다. 책을 쓰고 싶다는 꿈이었다. 노만은 자신의 꿈과 열망에 쏟아부을 시간을 벌려고 업무와 사교 활동을 줄여나갔다. 처음에는 그게 진짜 자신이 바라는 일인지, 청소년기 환상의 찌꺼기에 불과한지 확신이 서지 않았다. 하지만 그게 뭔지 알아내는 게 중요하다는 사실은 알았다. 마침내 노만은 자신이 얼마나 간절하게 소설을 쓰고 싶어 하는지 깨달았다. 머지않아 소설의 윤곽이 잡혔다. 그로부터 2년 후, 마침내 노만은 소설 집필을 끝냈고, 1년 반 후에 소설을 출판했다. 판매 성적은 그럭저럭 괜찮은 수준에 불과했다. 하지만 노만은 이제 글쓰기가 자신이 원하는 일이라는 확신을 얻었다. 노만의 두 번째 소설은 더욱 큰 성공을 거두었고, 세 번째 소설은 더 선풍적인 인기를 끌었다. 노만은 의학계에서 은퇴해 전업 작가가 되었다. 노만의 아내는 남편이 점점 젊어지고 행복해지는 모습을 눈으로 목격했다. 아이들은 아버지를 보면서 값으로 따질 수 없는 교훈을 얻었다. 자신의 소망과 자신의 삶을 존중해야 한다는 사실을. "언제나 네 안의 신호를 주의 깊게 살펴야 해. 충동적으로 행동하지 말고 집중해서 살펴봐. 때로는 우리 내면의 일부가 다른 일부보다 몇 년은 더 앞서는 지혜를 품고 있거든." 노만은 아이들에게 이렇게 말했다.

의식하지 않는 삶 팀은 지루했다. 스물여덟 살에 심리학자로 일하기 시작해 이제 쉰한 살이 된 팀은 앞으로 20년, 혹은 그 이상의 세월 동안 같은 일을 계속해야 할지도 모르겠다는 생각에 빠져들었다. 팀은 개별 치료와 집단 치료를 했고, 가끔은 업계 세미나도 진행했다. 언제부터 일하는 게 즐겁지 않고 그저 돈만 보고 일했는지 기억나지 않았다. 하지만 일하는 즐거움을 오래전에 잃어버렸다는 사실만은 분명하게 알고 있었다. 한때는 내담자들에게 활기를 불어넣어 주었지만 지금은 따분하고 냉소적인 태도로 일에 임했다. 마치 사기를 치고 있는 것 같은데 아무도 알아차리지 못하는 게 놀라울 따름이었다. 문제를 인지하고 있음에도 자신의 상황을 생각해 보거나 그에 대해서 누군가와 의논해 보려고 하지 않았다. 팀이 좋아하는 여가 생활이자 탈출구는 테니스였다. 내담자가 하는 이야기가 지루하게 들릴 때는 종종 테니스 생각을 했다. 가족들 눈에도 팀은 점점 더 생기를 잃고 안으로 침잠하며 짜증을 자주 내는 것 같았다. 급기야 팀은 서른 살 연하의 여자 내담자와 사랑에 빠져 콜로라도의 아시람ashram(힌두교도가 수행하고 거주하는 곳 — 옮긴이)으로 떠났다. '자유 연애'와 약물 '실험' 정신을 가르쳐준 인도인 스승을 따라 영적 계몽의 길을 떠난 것이었다. 인도인 스승은 팀에게 생각이 모든 문제의 원인이라 했고, 팀은 그게 진실이라고 믿고 싶었다.

이 두 사람이 인생을 대하는 태도는 서로 다르다. 당신의 태도는 어느 쪽에 훨씬 더 가까운가? 당신은 자존감이 어떤 결과로 이어진다고 보는가?

의식하는 삶이
자존감을 키운다

∨∧∧∨

앞서 소개한 실례들을 고려하면서 의식하는 삶, 의식하지 않는 삶과 관련된 다음의 주제도 생각해 보자.

- 생각하기 어려울 때도 생각하기와 생각하지 않기
- 의식하기 힘들 때도 의식하기와 의식하지 않기
- 얻기 쉬운지 아닌지와 상관없는 명확성과 모호성이나 불명확성
- 즐거운지 괴로운지와 상관없는 현실 존중과 현실 회피
- 진실 존중과 진실 거부
- 독립성과 의존성
- 능동 지향성과 수동 지향성
- 두려워도 적당한 위험 감수하기와 위험 회피하기

- 자기에게 정직하기와 정직하지 않기
- 현재에 충실하며 책임지는 인생 살기와 환상 속으로 침잠하기
- 자기직시와 자기회피
- 실수를 찾아 바로잡기와 실수 용납하기
- 이성과 무분별

이 모든 주제가 앞서 소개한 이야기에 함축되어 있다.

의식하는 삶에서 가장 중요한 문제는 지적 독립성이다. 남의 정신을 이용해 사고할 수 있는 사람은 없다. 남한테서 뭔가를 배울 수는 있지만 진정한 지식은 단순한 반복이나 모방이 아니라 이해를 뜻한다. 인간은 자신의 정신을 발휘해야 사고할 수 있다. 아니면 지식과 평가에 대한 책임을 타인에게 넘겨서 타인의 의견을 비판적으로 생각해 보지도 않고 그대로 받아들일 수도 있다.

물론 때로는 자기도 모르는 사이에 남의 영향을 받는다. 그렇다고 해도 뭐든지 스스로 이해하려는 사람의 심리와 그렇지 않은 사람의 심리가 다르다는 사실은 절대 변하지 않는다. 여기서는 자신의 의도와 목적이 가장 중요하다. 일반적인 문제에 관해서 스스로 생각하려고 하는가? 그것이 기본적으로 지향하는 바인가?

'독립적으로 사고하기'는 아무리 자주 이야기해도 과하지 않다. 그만큼 유익한 일이기 때문에 반복해서 말해 강조하는 게 좋

다. 일부 사람들이 말하는 '사고'는 종종 진정으로 생각하는 것이 아니라 다른 사람의 의견을 재활용하는 것에 불과하다. 하지만 의식하는 삶을 살기 위해서는 자신의 일과 인간관계, 자기 인생의 길잡이가 되는 가치에 관해서 독립적으로 생각해야 한다. 즉, 독립은 자존감의 미덕이다.

앞서 소개한 일화를 읽다 보면 이런 의문이 들지도 모른다. 의식하는 삶을 사는 사람들은 본래 자존감이 높은 게 아닌가? 의식하지 않는 삶을 사는 사람들은 자존감이 낮아서 그런 게 아닌가? 그렇다면 의식하는 삶이 어떻게 높은 자존감의 '기반'이 될 수 있나?

여기서 '상호인과성 원칙'이 대두된다. 상호인과성의 원칙에 따라서 높은 자존감을 낳는 행동은 높은 자존감의 표현이 된다. 이와 동시에 높은 자존감의 표현이 되는 행동은 높은 자존감을 낳는다. 다시 말해 의식하는 삶은 자기확신과 자기존중의 원인이자 결과다.

의식하는 삶을 살수록 자신의 정신을 믿고 자기 가치를 존중하게 된다. 자기 정신을 믿고 자기 가치를 존중할수록 의식하는 삶이 더욱 자연스럽게 느껴진다. 자존감을 뒷받침해 주는 모든 행동에 이와 같은 관계가 형성되어 있다.

그럼 이런 경우는 어떨까? 인생에서 가장 의식적인 영역을 분리해 낼 수 있는가? 가장 의식적이지 않은 영역은 무엇인가? 이 장에서 소개한 내용을 길잡이로 삼아서 이 두 영역을 공책에 기록해 보자. 이렇게 하면 의식하는 삶을 사는 것이 어떤 의미인지를 더욱 깊이 이해할 수 있다.

먼저 의식 수준이 평균보다 낮은 세 가지 영역을 생각해 보자. 이런 영역에서 정신을 초집중 상태로 끌어올려 유지하기 어려운 이유가 무엇인지 생각해 본다. 그러고는 각각의 영역에서 '온전히 의식하기 어려운 이유는⋯⋯'이라는 문장을 오래 생각하지 않은 채 최대한 빠르게 여섯 개에서 열 개까지 완성해 기록한다. 그 후에는 '온전히 의식하지 못해서 좋은 점은⋯⋯'이라는 문장을 완성해 본다. 이어서 '내가 온전히 의식한다면⋯⋯'이라는 문장도 완성해 본다. 그러면 몇 가지 놀라운 사실을 발견할지도 모른다. 이렇게 문장완성 연습을 하다 보면 더욱 의식하는 삶을 살게 된다.

마지막으로 내일부터 이후 일주일 동안 문장완성 연습을 통해 깨달은 사실을 일상생활에 적용할 수 있는 방법을 곰곰이 생각해 본다. 예컨대 이런 질문을 던져본다. 직장생활에서 의식을 좀더 높인다면 뭐가 달라질까? 인간관계에서 의식을 좀 더 높인다면 행동이 어떻게 달라질까? 자기확신과 자기존중을 키우고 싶다면 지금 당장 시작해 보자. 직장생활과 인간관계 영역에서 의식을 높인 결과로 달라진 행동을 각각 세 가지 찾아서 한 주 동안 실험적으로 실천해 본다.

그러고는 다음, 그리고 그다음 일주일 동안 조금씩 점점 더 의식을 확장해 나간다. 자존감 향상은 크게 몇 발자국 내디뎌 얻을 수 있는 게 아니다. 작은 행동을 거듭하면서 끝없이 팽창하는 미래상을 향해 꾸준히 나아가야 자존감을 키울 수 있다.

물론 비약적 도약이나 탈바꿈도 일어날 수 있지만 수동적으로 기다리는 사람에게는 불가능한 일이다. 그러므로 행동해야 하고, 지금 자신이 있는 곳에서부터 시작해야 한다. 의식을 조금씩 높이 끌어올릴 때마다 또 다른 문이 열린다. 어느 지점에서 시작하는지는 중요하지 않다. 책임감 있게 시작하는 게 중요하다.

하루 15분, 자존감을 키우는 문장완성 연습
의식하며 살기

다음의 문장 앞절을 보고 너무 오래 생각하지 않은 채 최대한 빠르게 여섯 개에서 열 개까지 문장의 뒷절을 완성해 본다. 이때 문장 뒷절이 사실과 다르거나 다른 문장 뒷절과 상충할까 봐 걱정할 필요는 없다. 문장완성 연습을 한다고 생각하고 가벼운 마음으로 기록해 본다.

◇ 온전히 의식하는 삶을 살기 어려운 이유는……

_____

_____

_____

_____

_____

_____

◇ 온전히 의식하지 못해서 좋은 점은……

_____

_____

_____

◇ 내가 행동할 때 무엇을 하는지 알고자 한다면……

◇ 내가 온전히 의식한다면……

∨∧∨∧∨

4장

∨∧∨∧∨

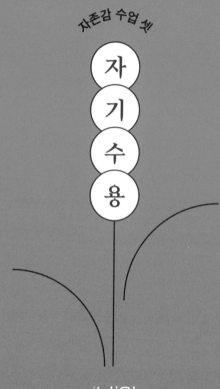

자존감 수업 셋

자
기
수
용

'나'와
조화로운 관계 맺기

의식하는 삶의 핵심이 사실과 현실 존중이라면 자기수용은 진짜 그러한지 알아보는 궁극적인 시험대다. 자신과 관련된 사실을 마주해야 할 때는 의식하는 삶을 살기가 아주 어려워질 수 있다. 바로 이때 자기수용도 힘들어진다.

자기수용은 인정받든 그러지 못하든 상관하지 않겠다는 태도로 자신의 경험을 바라보라고 요구한다. 보고 싶고, 알고 싶고, 의식하고 싶다는 생각으로 경험을 마주하라고 한다.

자기수용을 한다고 해서 나아지거나 발전하려는 열망이 없다는 뜻은 아니다. 오히려 자기수용은 변화의 전제조건이다. 존재하는 동안 언제라도 자신이 무엇을 느끼는지, 자신이 누구인지를 알고 받아들인다면 자신의 선택과 행동의 본질을 온전히 의식할 수 있고, 아무런 장애 없이 발전할 수 있다.

간단한 실례를 하나 들어보겠다. 전신 거울 앞에 서서 자기 얼굴과 몸을 살펴보자. 그와 동시에 자신의 감정이 어떤지도 주의 깊게 살핀다. 다른 곳보다 유독 마음에 드는 부분이 있을지도 모른다. 당신이 대부분의 사람들과 다를 바가 없다면 불안하거나 불만스러워서 어떤 부분은 오랫동안 쳐다보기 어려울 것이다. 어쩌면 자기 얼굴에 떠오른, 마주하기 싫은 고통을 찾아낼지도 모른다. 너무 혐오스러워서 차마 눈으로 볼 수 없는 신체 부위가 있을 수도 있다. 노화의 흔적을 보고 떠오른 생각과 감정을 받아들이지 못할지도 모른다. 결국에는 도피 충동에 사로잡힌다. 다시 말해 의식에서 벗어나 자기의 일부를 부인하고 부정하고 외면하려고 한다.

그렇더라도 거울 속에 비친 자신을 몇 분만 더 유심히 살펴보면서 실험적으로 자신에게 이렇게 말해보자. "나는 나한테 어떤 결점이나 결함이 있든 나 자신을 거리낌 없이 온전히 받아들인다." 정신을 집중하고 심호흡하면서 1~2분 동안 서두르지 말고 이 말을 반복한다. 방금 자신이 한 말의 의미를 완전히 이해하려고 노력한다.

하지만 이렇게 항의하는 자신의 목소리가 들릴지도 모른다. "내 몸의 일부가 마음에 들지 않는데 어떻게 거리낌 없이 온전히 받아들일 수 있지?" 여기서 명심해야 할 점이 있다. '수용'은 변화나 개선을 그려보거나 바랄 수 없다는 뜻이 아니다. 그보다는 부인하거나 회피하지 않고 사실은 사실이라는 사실을 경험한다는 뜻이다. 거울에 비친 얼굴과 몸이 자기 얼굴과 몸이라는 사실을 받아들이고, 그 모습이 바로 자신이라는 사실을 받아들인다는 뜻이다. 포기하지 않고 현실에 순응하고 의식에 순응한다면(이것이 바로 '수용'의 궁극적인 의미), 긴장이 조금 풀리고 자신을 좀 더 편안하게, 더욱 현실적으로 대할 수 있다.

거울 속에 보이는 모든 부분을 좋아하거나 받아들이지 못해도 이렇게 말할 수 있다. "지금은 저게 나야. 난 그 사실을 부인하지 않아. 받아들이지." 이것이 바로 현실 존중이다.

매일 아침과 저녁에 2분 동안 이 훈련을 계속한다. 그러면 머지않아 자기수용과 자존감의 관계, 다시 말해서 사실을 존중함으로써 자존감이 높아지는 정신 작용을 경험한다.

이 밖에 또 다른 중요한 사실도 발견한다. 머지않아 자신과 더욱 조화로운 관계를 맺게 되고, 자기확신과 자기존중이 커진다는 사실이다. 이뿐만 아니라 자신의 일부분이 마음에 들지 않아도 자기 힘으로 바꿀 수 있다면, 자신의 현재 모습이 어떠하다는 사실을 받아들이자마자 더욱 의욕적으로 변화를 꾀한다는 사실도 발견한다. 자신이 직면한 현실을 부인하면 바꾸지 못한다.

자존감은 몇몇 사람들의 순진한 생각처럼 신체적 매력을 뽐내는 기능이 아니다. 자신을 직시하고 기꺼이 받아들이거나 그러지 못하는 마음에 따라 자존감이 크게 달라진다.

거울에 비친 자기 모습을 바라보는 태도는 자기수용 여부를 보여주는 한 가지 실례에 불과하다. 자기수용에 관한 다른 실례도 한번 살펴보겠다.

두려움을 다루는 강력한 도구,
자기수용

∨∧∨∧∨

여러 사람과 이야기를 나누려는데 두렵다면 어떨까? 혹은 아는 사람이 별로 없는 파티에 참석하려는데 불안하거나 부끄럽다면 또 어떨까? 불안감에 사로잡혀 괴로울 때는 사람들 대부분이 그렇듯이 그에 맞서 싸우려고 한다. 전신을 긴장시키고 숨을 가쁘게 몰아쉬면서 '두려워하지 마(혹은 부끄러워하지 마)'라고 자신을 다독인다. 하지만 이런 전략은 효과가 없다. 오히려 마음이 더욱 불편해진다. 신체는 두뇌에 비상 경계 신호, 즉 위험 신호를 보낸다. 그 이후에는 대체로 그 신호에 반응해서 긴장과 산소 박탈, 어쩌면 분노와 자기비난을 동원해 불안감에 맞서 싸운다. 다시 말해 자신과 전쟁을 벌인다. 달리 무엇을 해야 하는지 모르기 때문이다. 이보다 더욱 유용한 대체 전략이 있다는 사실은 아무도 가르쳐주지 않아서 배우지 못했다. 여기서 말하는 대체 전략은 바로 자기수용 전략이다.

자기수용 전략을 펼칠 때는 고통이라는 감정에 맞서 싸우지 않는다. 그보다는 그런 감정을 들이마시고 받아들인다. 어쩌면 자신에게 이렇게 말할지도 모른다. "그래, 난 두려워." 그러고는 천천히 길게 심호흡한다. 처음뿐만 아니라 한동안 어렵더라도 부드럽게 깊이 호흡하는 일에 집중한다. 끈기 있게 계속 심호흡하고, 자신의 두려움을 지켜본다.

목격자가 되어 지켜보되 두려움에 동화되지 않고 두려움을 자신을 정의하는 잣대로 삼지 않는다. "두렵다면 두려운 거지. 그렇다고 의식하지 않고 살아갈 이유는 없어. 내 눈을 계속 써먹는 거야. 내 눈으로 계속 보는 거야." 자신의 두려움과 이야기를 나눌 수도 있다. 자신의 두려움을 불러내서 상상할 수 있는 최악의 상황을 말해보라고 하는 것이다. 그러면 그 상황을 직시하고 받아들일 수 있다. 이는 자신을 괴롭히는 환상에서 빠져나와 그보다 훨씬 온화한 현실로 돌아가는 전략이다. 자신의 두려움이 언제부터 어떻게 싹트기 시작했는지 의식할 수 있을지도 모른다. 어쩌면 두려움이 근거 없는 감정이자 현재와 관련성이 전혀 없는 쓸모없는 반응이라는 사실을 보다 깊이 이해하게 될지도 모른다. 두려움을 온전히 받아들이면 과거에서 현재로 풀려난다는 사실을 깨달을 수도 있다. 두려움이 항상 사라지는 것은 아니다. 때로는 사라지기도 하고, 때로는 줄어들기만 한다. 그래도 비교적 긴장이 많이 풀리고 훨씬 자유로워져서 효율적으로 행동할 수 있다.

현실에 맞서 싸우려고 하지 않을 때 더욱 강해지는 법이다. 자신에게 소리 지르거나 자신을 비난한다고 두려움을 떨쳐낼 수 있는 게 아니다. 자기 경험을 열린 마음으로 받아들이고, 의식을 집중하며, 자신이 하나의 감정보다 더욱 원대한 존재라는 사실을 명심한다면 원치 않는 감정을 넘어설 수 있다. 때로는 고통과 분노, 시기, 혹은 두려움과 같은 부정적인 감정이나 원치 않는 감정을 진심으로 온전히 수용해서 떨쳐낼 수 있다.

두려움에 떠는 사람에게 긴장을 풀라고 해봤자 보통은 소용 없는 짓에 불과하다. 두려워하는 사람은 그런 충고를 들어도 행동으로 옮기는 법을 알지 못한다. 하지만 부드러운 어조로 심호흡하라고 하거나 두려움에 맞서 싸우지 않는 기분이 어떨지 상상해 보라는 충고는 '실행할 수 있는' 제안이다. 다시 말해 두려워하는 사람도 당장 할 수 있는 뭔가를 제안하는 것이다.

우리는 두려움을 받아들여 두려움과 친해질 수 있게, 아니면 적어도 두려움에 동화되지 않고 두려움을 지켜볼 수 있게 의식을 확장해야 한다. 그러고는 마지막으로 최악의 상황을 그려보고 직시해야 한다. 이렇게 말하는 법도 확실하게 배울 수 있다. "난 지금 두려워하고 있고, 그렇다는 사실을 받아들일 수 있어. 하지만 두려움이 내 전부는 아냐. 난 그 이상의 존재야." 다시 말하자면 두려움에 동화되지 않는다.

만약 이렇게 말한다면 어떨까? "내 안의 두려움을 인정하고 받아들이면…… 이제는 내가 두려워하지 않을 때의 내 몸 상태를 기억할 수 있는지 알아볼 거야." 이것은 두려움(혹은 원치 않는 다른 감정)을 다루는 아주 강력한 도구다. 두려운 상황이 닥쳤을 때를 대비해 거듭 상상해 보고 연습하며 배워두면 좋은 행동이다.

내가 제시하는 이 연습법은 사실상 모든 두려움을 다루는 데 적절한 방법이다. 치과에서나 임금 인상을 요구하려고 할 때, 까다로운 면접을 앞두고 있거나 누군가에게 가슴 아픈 소식을 전해야 할 때, 거부당하거나 버림받을지도 모른다는 두려움에 맞서야 할 때 유용한 방법이다.

두려움을 받아들이는 법을 배우면 재앙이 일어나지 않는다. 두려움을 주인으로 삼는 일도 없어진다. 현실과 거리가 멀거나 완전히 동떨어진 환상에 고통받는 일도 더 이상 일어나지 않는다. 아무런 제약 없이 사람과 상황을 있는 그대로 볼 수 있다. 자기확신과 자기존중도 커진다. 두려움이 비이성적인 환상의 산물이 아니라 직면해야 하는 현실이 끔찍해서 생겨나는 감정일지라도 이러한 두려움을 다루는 과정에서 자존감이 높아진다.

몇 년 전에 가까운 친구가 끔찍한 암에 걸렸다. 당시에 나는 암에 맞서 싸우는 친구가 남달리 용감하다고 생각했다. 병원에 있던 그 친구를 찾아갔던 날이 기억난다. 그날 친구는 이런 이야기를 들려주었다. 방사선 치료가 필요하다는 의사들의 이야기를 듣고 너무 무서웠다. 그래서 치료받기 전에 사흘간 매일 방사선 치료실에 가서 몇 분 동안 있다 나올 수 있는지 물어보았다. "그냥 기계를 보고 싶어요. 기계와 친해지려고요. 그럼 준비가 될 거예요. 두렵지도 않을 거고요." 친구가 의사들에게 말했다. "난 그냥 앉아서 기계를 바라보고…… 받아들이고…… 내 상황도 받아들이고…… 기계는 날 도와주려고 있는 거라고 생각했어. 그러니까 치료받는 게 훨씬 쉬워졌지." 친구는 내게 이렇게 말했지만 결국에는 죽음을 맞이했다. 하지만 나는 그 친구의 평온하고 위엄 있던 모습을 잊을 수 없다. 그 친구는 자신을 소중하게 여기는 법을 알고 있었다. 친구가 보여주었던 수용 원칙은 더없이 아름다웠다.

마주하기 힘든 감정을
받아들이는 법

＼∧＼∧＼

잠시 시간을 내서 자신이 마주하기 어려운 느낌이나 감정이 있는지 생각해 보자. 불안감과 고통, 시기, 분노, 슬픔, 수치심, 두려움을 마주하기 어려운가? 이런 감정을 따로 떼어놓고 그 원인이 무엇인지 생각하거나 상상하면서 좀 더 집중적으로 살펴볼 수 있는지 알아본다. 그러고는 전신을 활짝 열어 그런 감정을 맞이하려는 것처럼 들이마신다. 저항하지 않고 마주하기 힘든 감정을 온전히 받아들인다면 기분이 어떨지 상상해 본다. 느긋하게 여유를 갖고 그 경험을 구석구석 들여다본다.

자신을 이렇게 다독이는 연습도 해본다. "지금 내 기분은 이렇고, 난 그 감정을 온전히 받아들이고 있어." 처음에는 이런 연습이 어려울지도 모른다. 전신이 거세게 저항하면서 긴장할 수도 있다. 그래도 계속 연습하고, 집중해서 심호흡하고, 근육의 긴장을 풀어도 된다고 생각하자. 또 한 가지, '사실은 사실이요, 있는 것은 있고, 감정이 존재한다면 존재한다'는 사실을 명심하자. 그런 감정을 유심히 살펴본다. 그 감정을 (없애고 싶어 하거나 없애려고 하지 않고) 그 자리에 그대로 둔다. 나처럼 자신에게 이렇게 말해보면 큰 도움을 받을지도 모른다. "난 지금 두려움이나 고통, 질투심, 혼돈(혹은 아무거나 다른 감정)의 세계를 탐험하고 있어."

이렇게 한다면 자기수용의 세계를 탐험할 수 있다.

한번은 병원에 가서 상당히 아픈 주사를 몇 대 맞아야 했다. 주삿바늘이 처음으로 피부를 뚫고 들어왔을 때 어찌나 아프고 충격적이었던지 침입해 들어오는 적군을 막아설 때처럼 숨이 막혔고 전신이 팽팽하게 긴장되었다. 근육이 긴장되는 바람에 주삿바늘은 피부를 뚫고 들어오기가 더욱 힘들어졌고 당연히 통증도 심해졌다. 병원에서 나와 똑같은 주사를 맞고 있던 아내 디버스는 그런 날 보고 이렇게 말했다. "바늘이 피부에 닿을 때 바늘을 빨아들이는 것처럼 숨을 들이쉬어요. 바늘을 환영한다고 상상하는 거예요." 나는 이 말을 듣자마자 내가 사람들에게 가르쳤던 감정 처리법과 정확하게 똑같다는 사실을 깨달았다. 그래서 아내 말대로 하자 바늘이 피부를 뚫고 들어오는 불편한 느낌은 무시해도 될 정도로 아무렇지 않았다. 나는 주삿바늘과 그에 따라오는 감정을 적으로 대하지 않고 받아들였다.

이런 전략은 고통에 몸부림치기보다는 고통에 '몸을 맡겨'야 하는 운동선수와 무용수에게 아주 익숙하다. 임산부에게 통증과 불안, 신체 반응을 통제하고 완화하는 방법을 가르쳐주는 라마즈 호흡법은 이 책에서 제시하는 원칙을 정확하게 보여준다.

나는 성교 시에 절정을 느끼기 힘들어하는 여성도 가끔 치료했다. 두려움에 사로잡히면 흔히 즐거움을 느끼지 못하고, 결국은 절정에도 이르지 못한다. 이뿐만 아니라 숨이 막히고 근육이 수축하는 반응이 일어나기도 한다. '침입해 들어오는' 성기에 자신을 보호하려는 것처럼 말이다. 나는 여성들에게 이러한 과정을 뒤집으라고 가르쳤다. 여성은 성기가 들어올 때 성기를 받아들이기 위해 숨을 들이쉬는 법을 배운다. 거부하려고 몸을 수축하기보다는 확장하는 법을 배운다. 이런 식으로 저항하지 않고 성 경험에 순응하면서 성행위를 더욱 편안하고 즐겁게 받아들이는 법을 배운다. 이렇게 하면 성적 즐거움이 더욱 커진다. 이 과정에서 성기에 상처를 입거나 파괴당한다는 환상이나, 위험할 정도로 통제력을 잃는다는 환상은 당연히 사라진다. 절정에 몸을 맡길 수 있는 여성은 두려움에 사로잡혀 아무것도 하지 못하는 여성보다 더욱 뛰어난 통제력을 발휘한다. 다시 말해 수용은 몸과 정신을 현실로 이끌어준다.

전신이 긴장으로 수축하는 원인이 두려움이든 즐거움이든 명심해야 할 원칙은 동일하다. 자기 경험과 적대적인 관계를 맺지 말라. 적대적 관계가 싹트게 내버려 둔다면 긍정성은 사라지고 부정성이 강해진다.

자기수용 vs. 자기부인

﹀∧﹨﹨

지금부터는 자기수용이나 자기부인을 선택하는 네 가지 상황을 보여주는 실례를 소개하겠다.

자기수용을 실천하는 삶 루치안은 옆집 여자에게 성적으로 끌렸다. 자신이 행복한 결혼생활을 하고 있다고 생각했기 때문에 처음에는 다른 여자에게 끌리는 자신을 비난했다. 하지만 머지않아 무턱대고 자신을 비난하기보다는 이해하는 게 낫겠다고 생각했다. 루치안은 성적 끌림을 (마음속으로) 경험해 보기로 했다. 옆집 여자가 불러일으킨 감정을 주의 깊게 살펴보고, 자신의 환상을 자유롭게 풀어놓았다. 그러자 자신이 새로운 자극에 굶주려서 옆집 여자에게 끌린 게 아니라는 사실을 금세 깨달았다. 아내에게 질려서 그런 것도 아니었다. 그보다는 직장 일에 질린 탓이었다. 루치안은 업무에서 더 이상 경험하지 못하는 효능감을 새로운 여자한 테서 얻을 수 있다고 생각했다. 죄책감은 들지 않았다. 루치안은 옆집 여자에게 끌리는 자신의 반응이 내면의 좌절감을 알려주는 귀중한 정보의 원천이라고 생각했다. 자신이 아내를 배신하지 않을 거라는 사실을 알면서도 옆집 여자와 불륜을 저지르면 어떨까 하는 상상을 했다. 그날 저녁에는 아내에게 이렇게 말했다. "오늘 오후에 혼자 정원에 나가 한 시간 동안 앉아서 옆집 여자와 8개월 간 불륜을 저질렀어." 루치안이 평온한 어투로 말해서 루치안의 아내는 조금도 두렵지 않았다. 그녀는 물었다. "그랬더니 어땠어 요?" 루치안은 아내의 손을 잡고 대답했다. "실망스럽더군. 아무 가치도 없는 일이었고. 내가 찾던 답이 아니었어. 하지만 다른 일을 찾는 게 답일지도 모른다는 생각이 들더군."

자기부인을 실천하는 삶 루치안은 옆집 여자 마샤도 자신에게 성적으로 끌리고 있다는 사실을 몰랐다. 마샤는 자신의 그런 마음을 죄악이라고 생각했기에 억눌렀다. 그러자 남편과 아이들과의 관계가 점점 더 부자연스러워졌다. 마샤는 발작적으로 울음이 터져 나왔지만 그 이유를 설명할 수가 없었다. 이따금 루치안과 마주칠 때는 무례하게 굴기도 하고 추파를 던지기도 했다. 자기가 뭘 하는지도 잘 모르는 아이가 치근대는 것 같은 모양새였다.

마샤는 오래전부터 결혼생활이 행복하지 않았다. 하지만 이혼은 치욕이자 실패라고 생각했기 때문에 문제를 직시하려고 하지 않았다. 마샤가 루치안에게 느끼는 감정을 받아들이고 분석해 보고 그에 관해 남편과 상의했다면 자신의 상황을 꿰뚫어 볼 수 있었을지도 모른다. 하지만 어렸을 때 다른 사람을 원하는 욕정은 사악한 간통과 다를 바 없다고 배웠다. 마샤는 사악한 사람이 되고 싶지 않았기 때문에 자신이 아는 유일한 해결책은 의식하지 않는 것뿐이었다. 결국에는 소통이 단절된 고통스러운 몇 년간의 결혼생활 끝에 마샤의 남편이 이혼을 요구했다. 마샤는 자신이 버림받아 희생자가 됐다는 생각에 젖어 이렇게 말했다. "왜 항상 좋은 사람이 고통받는 거지?"

이 두 일화에서 당신과 비슷한 점을 찾을 수 있는가?

자기수용을 실천하는 삶 지나는 이혼 후에 아이들이 아버지와 살고 싶다고 하자 크나큰 충격을 받았다. 자신이 조급하고 경솔하고 공감력이 떨어지는 사람이라 전남편이 아이들을 더 잘 키울 수 있다는 사실은 잘 알고 있었다. 하지만 너무나 고통스러워서 사실을 인정하기는 쉽지 않았다. 아이들이 떠난 후 지나는 혼자서 과거를 돌이켜 볼 기회가 많아졌다. 그러다 마침내 이렇게 인정했다. "사실 난 엄마가 되고 싶지 않았어. 엄마가 되어야 한다고 생각했기 때문에 엄마가 된 거였어." 지나는 오랜 시간 동안 말없이 과거의 선택을 돌이켜 보았다. 자신을 비난하려는 게 아니라 이해하려는 게 그 목적이었다. 지나는 아이들이 아빠와 함께 지내는 게 더 낫다는 사실을 받아들일 수 있었다.

더 나아가서 자신이 배웠던 많은 것에 반하기 때문에 훨씬 받아들이기 힘들었던 사실도 천천히 직시하고 받아들일 수 있었다. 다름 아니라 아이들이 아빠와 함께 살겠다고 해서 행복하다는 사실을 인정한 것이었다. 지나는 생애 처음으로 뭐 하나 걸릴 것 없이 자유로운 기분을 만끽했다. 아이들과 가끔 만나기로 하고 마침내 아이들을 마주했을 때 지나는 더욱 행복하고 애정이 넘치는 엄마의 모습을 보여주었다. 친구들과 친척들이 '몰인정한 엄마'라고 비난하며 죄책감을 심어주려고 할 때도 지나는 그들을 차분하게 바라보기만 하고 자신을 방어하려고 하지 않았다. 지나는 자신이 누구인지 알고 받아들였다. 이것이 무엇보다 중요한 사실임을 지나는 잘 알았다. "과거에 내가 한 선택을 후회해. 하지만 내 바람과 욕구를 거부해서 더욱 많은 실수를 하는 게 나 자신을 구하는 방법이라고 생각하지는 않아." 지나는 자신에게 이렇게 속삭였다.

자기부인을 실천하는 삶 예순둘이 된 잭의 스물다섯 살 아들 마크는 어느 날 아빠에게 아빠의 아들로 사는 게 어땠는지 이야기했다. "어렸을 때는 아빠를 무척 무서워했어요. 아빠는 너무 폭력적이었죠. 아빠가 언제 팔을 휘둘러 절 때릴지 알 수 없었어요." 그러자 잭이 짜증스럽게 대꾸했다. "그런 이야기는 듣기 싫구나." 이에 마크는 차분하게 대답했다. "아빠, 이런 이야기가 듣기 불편하다는 거 알아요. 아빠는 제가 아빠를 비난하고 아빠 기분을 상하게 한다고 생각하겠죠. 하지만 그렇지 않아요. 전 아빠와 친해지고 싶어요. 아빠가 어디서 어떻게 살았는지 알고 싶어요. 아빠는 끔찍하게 불행했던 게 분명해요." 하지만 잭은 들으려고 하지 않았다. 아들에게 했던 과거의 행동을 부인하지도 인정하지도 않았다. 과거의 사실은 현실 세계도 공상 세계도 아닌 어중간한 세계의 뚫고 들어갈 수 없는 안개 속에 묻어두려는 것 같았다.

마크는 몇 번이나 아빠를 설득하려고 했지만 소용없었다. "왜 제 말을 듣지 않는 거죠? 왜 진실을 받아들이지 않나요?" 마크는 아빠에게 이렇게 소리쳤다. 어느 날 잭이 말했다. "난 네가 원하는 아빠가 절대 되지 않을 거야. 넌 왜 이 사실을 받아들이지 못하니?" 두 사람은 뭔가를 서로에게서 엿본 것처럼 충격에 사로잡혀 말없이 서로를 응시했다. "내가 아들 말처럼 그렇게 잔인하게 굴었을 리가 없어." 잭은 이렇게 생각하면서 그 가능성을 차단했다. "내가 복수심에서 이럴 리는 없어." 마크도 이렇게 생각하면서 그 가능성을 차단했다. 머지않아 서로에게 고함치는 소리가 다시 이어졌다.

이 두 사람의 심리에서 당신의 심리와 일치하는 일면을 찾아 낼 수 있는가? 그렇다면 그러한 일면이 당신의 자존감에 어떤 영향을 미치는가?

저항을 끌어안아야
저항이 사라진다

∨∖∕∨

이번에는 이런 질문을 던져보자. 몇몇 경험에 대한 반응이 감당하기 어려울 정도로 부정적이어서 자기수용을 실천할 수 없을 것 같은가? 이런 감정과 생각, 혹은 기억은 너무 고통스럽고 마음을 지독하게 어지럽혀 놓아서 수용하는 게 불가능한 것 같다. 그런데도 차단하고 축소하지 못해 더없이 무기력해진다. 해결책은 자신의 저항에 저항하지 않는 것이다. 어떤 감정(혹은 생각이나 기억)을 받아들일 수 없다면 그러한 저항을 받아들여야 한다. 다시 말해 현재 자신이 있는 자리를 받아들이는 게 시작이다. 저항을 의식하면서 끌어안으면 저항이 저절로 사라진다.

예컨대 지금 바로 이 순간, 자신이 시기나 분노, 고통, 갈망을 받아들이지 않거나 한때 자신이 행하거나 믿었던 이런저런 일을 받아들이지 않는다는 사실을 인정한다면 어떨까? 이러한 자신의 저항을 인정하고 경험하고 받아들인다면 어떨까? 그러면 오히려 저항은 무너져 내리기 시작한다. 반대로 맞서 싸우면 저항은 더욱 강해진다. 저항은 대립하는 요소가 있어야 존재하기 때문에 인정하고 받아들일 때 녹아내리기 시작한다.

나는 감정을 받아들이기 힘들어하는 사람을 치료할 때 자신이 그렇다는 사실을 기꺼이 받아들일 건지 물어본다.

내담자 빅터에게도 그렇게 물어봤다. 화가 많은데도 자신의 분노를 인정하거나 체험하기 힘들어하는 성직자 빅터는 내 질문에 어리둥절한 표정을 지었다. "내가 분노하는 내 감정을 받아들이지 않는다는 사실을 받아들일 거냐고요?" 빅터가 내게 물었다. 나는 미소 지으며 이렇게 말했다. "네, 그렇게 물었어요." 그러자 빅터는 크게 소리쳤다. "난 내 분노를 받아들이지 않고, 내가 그렇게 한다는 사실도 받아들이지 않을 겁니다!" 나는 웃으면서 물었다. "분노를 받아들이지 않는다는 사실을 받아들이기 거부한다는 사실은 받아들일 건가요? 어딘가에서 시작해야 하니까 이 문제부터 시작해 보죠."

나는 빅터에게 다른 사람들을 마주 보고 "난 화나지 않았어요"라고 거듭 말해보라고 했다. 머지않아 빅터는 화가 나서 씩씩거리면서 그렇게 말했다.

이어서 나는 빅터에게 "난 내 분노를 받아들이지 않을 거야." 하고 말하라고 했다. 그러자 빅터는 점점 더 생기 넘치는 목소리로 그렇게 소리쳤다.

이후에는 빅터에게 "내가 내 분노를 받아들이지 않는다는 사실을 받아들이지 않을 거야." 하고 말하라고 시켰다. 그러자 빅터는 격렬하게 소리쳤다.

다음에는 빅터에게 "내가 내 분노를 받아들이지 않는다고 인정하지 않는다는 사실은 받아들일 거야." 하고 말하라고 했다. 빅터는 계속 그 말을 반복했고, 마침내는 진이 빠져서 다 그만두고 다른 사람들과 함께 웃음을 터트렸다.

"이제 알겠어요. 받아들일 수 없는 경험이 있다면 그런 저항을 받아들여야 하는군요." 빅터가 싱긋 웃었다.

"맞아요. 저항을 받아들일 수 없다면 저항을 받아들이지 않으려고 저항한다는 사실을 받아들이는 거예요. 그러면 결국에는 받아들일 수 있는 지점에 이르죠. 그때부터는 앞으로 나아갈 수 있어요."

빅터의 얼굴빛이 환해졌다. "온전히 의식하면서 저항이나 거부를 체험하고 받아들이면 일종의 합선이 일어나는 거군요. 그렇게 합선으로 문이 활짝 열리면 자신의 경험과 재연결되고요."

"그거예요. 그래서 지금 화가 나나요?"

"화가 잔뜩 나요."

"그 사실을 받아들일 수 있나요?"

"그러고 싶지 않아요."

"그렇다는 건 우리 둘 다 잘 알죠. 그렇지만 그러고 싶지 않다는 사실은 받아들일 수 있나요?"

"네, 받아들일 수 있어요."

"그럼 절 보면서 '너새니얼, 진짜 화가 잔뜩 나요'라고 말해보세요."

"너새니얼, 진짜 화가 잔뜩 나요."

"한 번 더요."

"너새니얼, 진짜 화가 잔뜩 나요."

"잘했어요. 이제 화가 난 이유를 알아낼 수 있어요."

문장완성법으로
자기수용 기르기

﹀∧﹀

자기의식과 자기수용을 기르고 개인적 성장을 도모하는 강력한 도구는 문장완성 기법이다. 문장완성 기법은 나의 전작 『내가 말할 수 없는 것을 들을 수 있다면If You Could Hear What I Cannot Say』과 『내가 보는 것을 보고 내가 아는 것을 알기 위해To See What I See and Know What I Know』에서 이미 언급했다. 그러한 문장완성 기법 중 하나를 이 책에서 활용할 수 있다. 펜과 공책만 있으면 된다.

아래에 소개한 불완전한 문장, 혹은 문장 앞절을 공책 한쪽의 맨 위에 적는다. 이때 문장 앞절들은 순서대로 공책 한쪽에 하나씩 적는다. 지면 맨 위쪽에 문장 앞절을 쓰고 나면 최대한 빠르게 여섯 개에서 열 개까지 문장 뒷절을 적는다. 문장 뒷절이 사실이 아니거나 다른 문장 뒷절과 상충할까 봐 걱정할 필요는 없다. 변경 불가능한 문장은 없다. 이러한 문장완성은 연습이자 실험에 불과하다.

난 그런 거 못 한다고 혼잣말을 중얼거리고 싶은 사람이 있을지도 모르겠다. 하지만 그런 당신도 할 수 있다고 내가 장담한다. 나는 수천 명에 달하는 사람들에게 문장완성 기법을 가르쳤고, 그들 중 몇몇은 어김없이 처음에 "전 못 해요." 하고 말했지만 결국에는 해냈다.

공책 첫 쪽 맨 위에 이런 문장 앞절을 적는다. '내 인생을 돌이켜 보면 가끔 도무지 믿기 어려운 일이 있는데 한때 내가…….' 그러고는 여섯 개에서 열 개까지 문장 뒷절을 적어 문장을 완성한다. 바로 시작해 보자!

다음 쪽에는 이렇게 적고 문장을 완성한다. '내가 인정하기 쉽지 않은 것은…….'

그다음 쪽에는 이렇게 적고 문장을 완성한다. '자기수용이 쉽지 않은 경우는…….'

이후에는 다음 문장을 완성한다.

- 내가 받아들이기 어려운 감정은······.
- 내가 받아들이기 어려운 행동은······.
- 내가 마음속에서 밀어내려고 하는 생각은······.
- 내 몸에서 내가 받아들이기 어려운 부분은······.
- 내 몸을 더욱 잘 받아들인다면······.
- 내가 한 일을 더욱 잘 받아들인다면······.
- 내 감정을 더욱 잘 받아들인다면······.
- 내 바람과 욕구에 더욱 정직해진다면······.
- 자기수용하기 두려운 것은······.
- 자기수용을 더욱 잘하는 내 모습을 다른 사람들이 본다면······.
- 자기수용을 잘해서 좋은 점은······.
- 내가 의식하기 시작하는 것은······.
- 내가 느끼기 시작하는 것은······.
- 내 경험을 부인하는 짓을 그만두는 법을 배우면······.
- 깊이 호흡하고 자기수용을 체험하면······.

여기서 유념해야 할 점이 있다. 이 글을 읽기만 하고 실천하지 않는다면 행하지 않고는 얻지 못하는 발견을 놓치게 된다는 사실이다.

자기수용이 긍정적 변화에 필수적인 요소라는 사실이 이제 분명해지지 않았는가? 내가 가끔 의식하지 않는 삶을 산다는 사실을 받아들이지 않는다면 어떻게 좀 더 의식하는 삶을 사는 법을 배울 수 있겠는가? 내가 가끔 책임감 없이 산다는 사실을 받아들이지 않는다면 더욱 책임감 있게 사는 법을 어떻게 배울 수 있을까? 내가 종종 수동적으로 산다는 사실을 받아들이지 않는다면 더욱 능동적으로 살아가는 법을 어떻게 배우겠는가?

내가 부인하는 두려움의 실체는 극복할 수 없다. 내가 부인하는 성에 관한 문제는 바로잡을 수 없다. 내 것이라고 인정하지 않는 고통은 치료할 수 없다. 나에게 없다고 고집스럽게 주장하는 특성은 바꿀 수 없다. 내가 저지른 행동이라고 인정하지 않으면 그런 행동을 한 나 자신을 용서할 수 없다.

자기수용은 자신이 생각하고 느끼고 행하는 것이 그 순간의 자기를 표현한다는 사실을 받아들인다는 뜻이다. 하지만 그러한 생각과 감정, 행동만 보고 자신이 어떤 사람이라고 최종적으로 확정 지을 수는 없다. 물론 그것들을 부인하고 부정해서 시멘트를 부어버린 것처럼 절대 바꿀 수 없게 만든다면 상황이 달라지겠지만 말이다.

이를 뒷받침해 주는 개인적인 일화를 하나 더 소개하겠다.

몇 년 전에 무척 사랑하는 아내 퍼트리샤가 죽었다. 나는 아내와의 관계를 각각 다른 측면에서 끊임없이 돌이켜 보았다. 내가 생각 없이 굴거나 불친절하게 굴었던 사건들도 떠올려봤다. 가끔은 견딜 수 없을 정도로 고통스러워서 그런 기억을 밀어냈다. 나는 그 기억을 전적으로 부인하지는 않았지만 온전하게 받아들여서 그 영향력까지 흡수하고 통합하지는 않았다. 나의 일부분이 부서져 나와 나머지 부분과 격리되었다.

나는 나중에 재혼했고 현재의 아내 디버스를 열렬히 사랑하고 있다. 그런데도 무심하고 배려가 부족한 행동을 반복하고 있었다. 나는 다른 사람들에게 가르쳤던 내용을 곰곰이 생각해 보았다. 자신의 과거 행동을 온전히 받아들이지 못하면 거의 예외 없이 어떤 행태로든 되풀이하게 된다는 내용이었다. 그래서 나는 예전 결혼생활에서 내가 저질렀던 행동 몇 가지를 생생하게 떠올려보기 시작했다. 예컨대 퍼트리샤가 내 도움이나 이해를 구할 때 관심을 주지 못하거나 지나치게 초조해하고, 일에 과도하게 몰입했다. 이러한 실례는 사랑이 잘못된 행동을 자동으로 막아주지는 않는다는 사실을 보여주는 흔하고도 불친절한 행동이었다.

과거의 구체적인 사건들을 떠올려보고 세세하게 검토하는 과정은 고통스러웠다. 지난날의 내 행동을 똑바로 바라보자 가끔은 마음이 이루 말할 수 없이 어지러웠다. 퍼트리샤는 이미 이 세상을 떠나 그녀에게 보상해 줄 방법도 없기 때문이었다. 하지만 내가 계속 과거의 행동을 명확하게 살펴보고, 그와 마찬가지로 디버스와 결혼한 현재의 내 행동도 명확하게 파악한다면 두 가지 변화가 일어난다는 사실은 잘 알고 있었다. 첫째는 더욱 통합된 느낌이 들고, 둘째는 후회할 행동을 되풀이하는 일이 훨씬 적어진다.

이번에는 여러분 자신이 후회하는 몇 가지 행동을 곰곰이 생각해 보자. 자신이 한 행동을 회상하면서 자기비난을 그만둘 수 있는가? 살면서 어느 순간에 자신이 그런 행동을 선택했다는 사실을 받아들이면 어떨 것 같은가? 이런 식으로 정직성을 발휘하면 기분이 어떨까? 자존감에 관해서 무엇을 배우고 있나?

자기가 그런 행동을 했다고 인정하고 난 후에도 여전히 평가의 문제가 남아 있다. 후회하는 행동을 평가하는 과정(숙고하고 그 의미를 해석하는 과정)은 자존감을 깎아내리지 않는다. 오히려 높여 줄 수 있다. 이 이야기는 다음 장에서 더욱 자세하게 다루겠다. 여기서는 이렇게만 말해두겠다. 자신의 잘못을 직시하는 순간, 더욱 높은 자존감을 향해 사다리를 타고 오른다.

경험은 어떤 것이든 지금 당장, 혹은 나중에라도 부인할 수 있다. 공식적인 자기개념이나 공식적인 신념 체계에 부합하지 않는 경험은 어떤 이유로든 불안을 조장한다면 거부할 수 있다.

나는 내 관능성을 받아들이지 않겠다고 거부할 수 있다. 내 영성을 받아들이지 않겠다고 거부할 수 있다. 내 슬픔을 부인할 수 있다. 내 기쁨을 부인할 수 있다. 내가 수치스럽게 여기는 행동에 관한 기억을 억누를 수 있다. 내가 자랑스러워하는 행동에 관한 기억을 억누를 수 있다. 내 무지를 부인할 수 있다. 내 지성을 부인할 수 있다. 내 한계를 받아들이지 않겠다고 거부할 수 있다. 내 잠재력을 받아들이지 않겠다고 거부할 수 있다. 내 약점을 숨길 수 있다. 내 강점을 숨길 수 있다. 자기혐오를 부인할 수 있다. 자기사랑을 부인할 수 있다. 내가 나보다 더 나은 척할 수 있다. 내가 나보다 더 못한 척할 수 있다. 내 몸을 부인할 수 있다. 내 정신을 부인할 수 있다.

'부정'적인 것만 자기수용을 하지 못하는 것은 아니다. 자신의 단점 못지않게 자산도 두려워할 수 있다. 다시 말해 공허감과 수동성, 우울증, 혹은 무기력 못지않게 천재성과 야망, 격앙된 기운이나 아름다움을 두려워할 수도 있다.

장점이 많고 미덕을 갖춘 사람들은 시기심과 적개심의 대상이 될 수 있다. 소속욕이 있으면 최고의 잠재력을 실현하고자 하는 욕구를 통제할 수 있다. 지능이 높고 크게 성취한 많은 여성이 사랑에 대한 욕구나 여성성을 잃는다는 사실은 잘 알려져 있다. 남몰래 혼자서 생각하는 것에 불과할지라도 다음과 같이 인정하려면 많은 용기가 필요하다. "난 다른 사람들이 하지 못할 것 같은 일을 할 수 있다." "난 우리 가족 중 누구보다 똑똑하다." "난 유달리 외모가 출중하다." "나는 주변 사람들보다 인생에서 바라는 게 더 많다." "나는 더 멀리, 더 명확하게 볼 수 있다."

수년 전에 치료받으러 왔던 젊은 여성이 있었다. 스물네 살의 로렌이라는 여성은 천사 같은 얼굴로 부두 노동자처럼 욕설을 남발했다. 로렌은 내가 들어본 적 있는 약물은 물론이고 들어보지 못한 약물까지 전부 다 실험적으로 복용해 봤다. 열여덟 살 때는 대학교 사교클럽 하우스 지하실에서 잠을 자며 몸을 팔아 음식과 머물 곳을 얻었다. 지금은 종업원으로 일하며 생계를 유지하고 있었다. 그러다 우연히 내 책『자존감의 심리학The Psychology of Self-Esteem』을 읽고는 그 책의 속삭임에 이끌려 내 진료소로 전화해서 방문 약속을 잡았다.

　로렌은 나한테 미움받으려고 할 수 있는 모든 방법을 다 동원했지만 나는 로렌을 좋아했다. 로렌은 특출한 자신의 본모습을 숨기려고 자신을 깎아내렸다. 하루는 로렌에게 최면을 걸어 중학교 시절로 돌아가 보라고 했다. 그러자 로렌은 흐느끼기 시작했다. 학창 시절의 선생님이 무작위로 학생들에게 질문을 던지는 모양이었다. 로렌이 속삭이는 소리가 들렸다. "제발, 선생님이 내가 모르는 질문을 하게 해주세요." "왜요?" 내가 물었다. "다들 미워하니까요. 너무 많이 아는 사람은 다들 싫어해요. 너무 똑똑한 사람도 싫어하고요." 로렌이 대답했다.

　하지만 로렌은 남달리 똑똑한 사람이었다. 그뿐만 아니라 어렸을 때는 나이에 비해 키가 크고 몸도 튼튼하고, 특히 몸을 잘 쓰는 사람이었다. 거의 모든 운동을 대부분의 남자아이보다 잘해서 분노와 수치심에 사로잡힌 오빠들에게 언어맞고 놀림을 당하고 괴롭힘을 당했다. 로렌은 책을 읽지 않고도 A를 받는 학생이었다. 로렌이 사는 작은 마을에서는 아무도 로렌을 좋아하지 않았고, 로렌에게 말을 거는 사람도 없었다. 로렌은 가족에게 미움받는 것 같았다. 그것도 단점이 아니라 장점 때문에 미움받았다.

십 대 시절에는 체계적인 자기파괴 과정을 밟아나갔다. 이는 가족에게 복수하는 동시에 도와달라고 소리치는 몸짓이었다.

치료를 시작한 지 6개월쯤 됐을 무렵, 하루는 치료 도중에 로렌이 나한테 크게 화를 냈다. 로렌 자신도 그 이유를 정확하게 설명하지 못하자 나는 문장완성 연습을 해보라고 했다.

▨ 너새니얼 선생님의 나쁜 점은……
절 믿는다는 거예요.
절 형편없는 사람으로 보지 않는 거예요.
제가 제 고통을 느끼게 만드는 거예요.
희망이 있다고 생각하게 만드는 거예요.
제가 저 자신을 믿게 만드는 거예요.
제가 다시 삶을 살아가게 만드는 거예요.
다른 사람들처럼 절 바라보지 않는 거예요.
전 선생님이 싫어요.

로렌은 문장을 완성하며 걷잡을 수 없이 눈물을 쏟아냈다. "너무 힘들어요." 로렌이 거듭 소리쳤다.

"뭐가 힘든가요?"

로렌은 겁에 질리거나 희망에 찬 야생동물의 눈빛으로 날 쳐다봤다. "눈에 보이는 게 존재한다고 인정하는 거요. 선생님이 옳다는 걸 인정하는 거요. 내가 똑똑하고, 특별하고, 훌륭한 사람이라는 걸 인정하는 게 힘들어요."

이때가 수십 년간 심리치료사로 일하며 가장 큰 보람을 느낀 순간이었다. 한 사람이 자신의 찬란한 모습을 인정하고 받아들일 용기를 내는 순간이었으니까.

치료를 시작한 지 18개월이 지났을 때 로렌은 UCLA에서 창의적 글쓰기를 배우고 있었다. 그로부터 몇 년 후에는 저널리스트가 되어 생계를 이어갔고 결혼도 했다.

로렌의 치료가 끝난 지 10년이 지난 어느 날, 거리에서 우연히 로렌을 만났다. 로렌이 먼저 다가와 웃으면서 인사를 건네지 않았다면 그녀를 알아보지 못할 뻔했다. 로렌은 옷을 잘 차려입었고, 자신감과 활기가 넘쳤으며, 비극적인 일을 당하는 것 같지도 않았다. "절 기억하실지 모르겠는데 전 선생님을 기억하고 있어요."

나는 잠시 머뭇거리다 말했다. "혹시…… 로렌입니까?"

"맞아요. 저예요."

"이렇게 만나다니, 반가워요!"

"너새니얼 선생님, 선생님이 어떤 분인지 아세요?"

"어떤 사람인데요?"

"선생님은 절 잡종으로도, 창녀로도 보지 않았던 분이시죠. 절 특별한 사람으로 봐주셨어요. 제 본모습을 볼 수 있게 해주셨고 요. 맙소사, 예전에 선생님을 얼마나 미워했는지 몰라요! 제가 어 떤 사람인지, 진짜로 어떤 사람인지 인정하고 받아들이는 게 제 평생 가장 어려운 일이었거든요. 사람들은 항상 자신의 단점을 받 아들이는 게 얼마나 힘든지 모른다고 말하죠. 자신의 장점을 받 아들이는 일이 얼마나 힘든지 모른다고 말하는 사람들도 있어야 해요."

자존감을 더욱 높여나가는 길은 가끔 외롭고 두렵다. 자신이 얼마나 더 만족스러운 삶을 살게 될지는 사전에 확실하게 알 수가 없다. 하지만 자신의 각기 다른 많은 일면을 더욱 잘 경험하고 인 정한다면, 자신의 내면 세계가 더욱 풍요로워지고, 자신의 자원 이 더욱 많아지고, 온갖 인생 역경과 기회에도 더욱 적절하게 대 처할 수 있다. 이뿐만 아니라 자신의 욕구를 충족시켜 주는 존재 방식을 찾거나 만들어낼 확률이 높아진다.

나를 사랑하게 되는
질문들

＼∧／∧／

　지금까지는 자기수용을 합리성과 현실주의의 응용 차원에서 살펴봤다. 다시 말하자면 자기수용은 자기 경험을 존중하고, 자신과 맞서지 않는 것이다. 하지만 자기수용에는 또 다른 더욱 깊은 의미가 있어서 여기서 짚고 넘어가고자 한다.

　단점이 있든 없든 누구나 내면 깊숙한 곳 어딘가에 자신을 사랑하는 마음을 간직하고 있다는 사실을 인정하려면 용기가 필요하다. 이 사실을 이해하기 어려워하는 사람이 많다.

　자기수용은 궁극적으로 자신이 살아 있고 의식하고 존재한다는 사실에서 파생된 자기가치와 자기헌신을 받아들인다는 것을 뜻한다. 자기수용은 자존감보다 훨씬 심오한 경험이다. 또한 자기긍정의 전이성적 행동이자 전도덕적 행동이며, 의식하는 모든 유기체의 타고난 권리인 원초적 이기주의다. 하지만 인간은 그에 반하거나 그 효력을 무효화시키는 행동을 할 수 있다.

　다음 내용을 읽어보면 이 개념을 보다 잘 이해할 수 있다.

　치료받는 내담자가 자신의 자존감 부족 문제를 상세하게 설명할 때가 있다. 이런 이야기를 듣고 나면 내담자가 의식하지 못하는 것 같은 다른 관점을 일깨워 주고 싶은 마음이 종종 든다. 이

때는 문장완성 연습을 시작해 내담자에게 이런 문장을 완성해 보라고 한다. 그 후 내담자가 몇 마디 불만을 토로하고 나면 보통 아래와 같은 문장 뒷절을 들을 수 있다.

내가 남몰래 속으로 나 자신을 무척 사랑한다는 사실을 인정한다면……

다른 사람들이 동의하지 않는 게 아닐까?

당황스러울 거예요.

부인했던 많은 고통을 느끼게 될 거예요.

깜짝 놀랄 거예요.

많은 사람이 충격받을 거예요.

두려울 거예요.

가족들이 좋아하지 않을 거예요.

소극적으로 행동할 핑계가 사라질 거예요.

제 인생을 잘 살아나갈 수 있을 거예요.

다음에는 이런 문장을 제시한다.

자신을 싫어하는 척해서 좋은 점은……

내가 선수를 쳐서 기선을 잡는 것이다.

변명거리가 생기는 것이다.

아무도 나한테 뭔가를 기대하지 않는 것이다.

사람들의 연민 어린 시선을 받는 것이다.

아무것도 할 필요가 없다는 것이다.

그게 훨씬 쉽다는 것이다.

그게 부모님이 기대하고 바라는 것이다.

░ 어떤 단점이 있든 나 자신을 좋아한다고 인정할 용기가 있다면……

자유로워질 것이다.

진실을 말할 것이다.

가족과 떨어져 지내야 한다.

나 자신을 존경한다.

다른 세상으로 걸어 들어가는 기분일 것이다.

모든 것이 달라질 것이다.

세상이 나를 향해 활짝 열릴 것이다.

이렇게 완성한 문장을 시간을 들여서 차근차근 읽어보길 바란다. 서둘러서 훌훌 넘겨 읽지 않는다. 그러면 당신과 관련 있을지도 모르는 귀중한 통찰력이 모습을 드러낸다.

자기수용이라는 태도는 유능한 심리치료사가 자존감이 가장 낮은 사람한테도 일깨워 주려고 애쓰는 것이다. 자기수용이 가능한 사람은 자기혐오로 무너지지 않고, 인간으로서의 자기가치를 부인하지 않고, 살고자 하는 의지를 버리지 않고도 자신이 가장 두려워하는 내면의 무엇인가를 마주할 수 있다. 그렇기에 낮은 자존감을 체험하는 게 불만스럽더라도 자신의 감정을 있는 그대로 받아들일 수 있다. 죄책감까지도. "나는 그 모든 것을 현재의 나 자신을 체험하는 과정의 일부로 받아들일 수 있다."

무엇을 할 수 있는지, 무엇을 하지 못하는지 따지지 않고 누구나 높은 자존감을 가져야 한다고 말하는 사람들이 가끔 있다. 이들은 필연적으로 특정한 상황에 좌우되는 자존감을 무조건적일 수 있는 자기수용과 혼동한다.

지금부터 소개하는 간단한 문장완성 연습을 하다 보면 자신이 자기수용 문제를 어떻게 다루고 있는지 분석할 수 있다.

공책을 꺼내 지면 맨 위쪽에 '가끔 나 자신이 싫어지는 순간은……'이라고 적어놓고 최대한 빠르게 여섯 개에서 열 개까지 문장 뒷절을 적는다. 한 번 더 말하지만 완성한 문장이 사실이 아닐까 봐 걱정할 필요는 없다. 직접 문장을 검열하지도 않는다. 그러지 않으면 아무것도 배우지 못한다.

이어서 아래 문장도 기록한다.

▨ 나에 관해서 내가 싫어하는 점은…….
▨ 나에 관해서 내가 좋아하는 점은…….

- 나 자신이 가장 싫은 순간은…….
- 나 자신이 가장 좋은 순간은…….
- 엄마가 바라보는 나는…….
- 아빠가 바라보는 나는…….
- 내가 미움받는 느낌이 드는 순간은…….
- 아무도 신경 쓰지 않거나 이해하지 못하는 뭔가가 자랑스러운 순간은…….
- 내가 남몰래 속으로 나 자신을 얼마나 좋아하는지 인정한다면…….
- 나 자신을 싫어하는 척해서 좋은 점은…….
- 단점이 있든 없든 내가 나 자신을 좋아한다고 인정할 때 두려운 점은…….
- 내가 의식하게 되는 것은…….
- 내가 쓰는 글이 사실이라면…….
- 심호흡하고, 존재하는 기쁨을 만끽하고자 한다면…….

이러한 문장완성 연습을 성실하게 충분히 하면 의심과 두려움, 죄책감보다 훨씬 더 깊은 곳에 자리한 자신의 일부를 발견해 만날 수 있다. 이것이 바로 내가 바라는 바이다.

하지만 이러한 발견이 항상 기쁜 것만은 아니다. 때로는 무섭게 느껴진다. 뒤로 물러나고 싶고, 받아들이기 싫을 때도 있다. 그러한 발견을 온전히 받아들인다면 의식하는 삶을 살아갈 책임을 마주해야 하기 때문이다.

치료받는 내담자 중에서 이렇게 항의하는 사람이 한둘이 아니었다. "나 자신을 좋아한다는 사실을 받아들인다면 다르게 행동해야 하잖아요!" 혹은 이렇게 항의했다. "나 자신을 좋아한다는 사실을 인정하면 너무 의식하며 살아야 하잖아요!"

하지만 의식하는 삶을 살지 못하면(또한 의식하는 삶이 인간 심리에 관한 가장 중요한 사실이라면) 내면 가장 깊숙한 곳에 깃든 가장 원시적인 존재가 자존감에 상처를 내면서 등을 돌린다. 긍정적 자존감에 필수적인 통합성을 도모하지 못하면 가장 깊숙한 곳에 깃든 '나'를 해치게 된다.

내가 친구 곁을 지키며 친구를 지지한다는 충성을 보여주지 않으면 친구는 배신감을 느낀다. 이와 마찬가지로 내가 내 곁을 지키며 나를 지지한다는 충성(내가 나를 좋아한다는 사실을 알고 그 사실을 책임감 있게 받아들일 용기)을 보여주지 않으면 나도 배신감을 느낀다. 그 감정을 말로 설명하지 못하거나 그 경험을 구체적으로 표현하지 못하더라도 말이다.

지금까지 이 장에서 소개한 내용과 그에 따라 실천해 본 연습 방법을 살펴본다면 자신이 다른 영역에 비해서 자기수용을 훨씬 더 잘하는 영역이 있다는 사실이 분명하게 드러날 것이다. 특정한 신체적 특징과 생각, 감정, 혹은 행동은 받아들이면서 다른 것은 부인하거나 부정할지도 모른다. 자신에 관한 사실 중에서 완전히 받아들이기 힘든 사실 여섯 가지를 기록해 보자. 그러자면 어렵더라도 자기 자신에게 솔직해야 한다. '받아들인다'는 게 '좋아한다'는 뜻이 아니라는 사실을 명심해야 한다.

이제 공책에 '무엇무엇(이에 해당하는 말 넣기)을 받아들이는 데 있어서 힘든 점은……'이라는 문장 앞절을 적고 여섯 개에서 열 개까지 문장 뒷절을 적는다. 그러고는 '무엇무엇(이에 해당하는 말 넣기)을 받아들인다면……'이라는 문장도 완성한다. 이어서 '내가 받아들이든 받아들이지 않든 상관없이 사실이 사실로 드러난다면……'과 '내가 의식하게 되는 것은……'이라는 문장도 완성한다.

이쯤 되면 자기수용이 진정으로 영웅적인 행동이라는 사실이 더욱 분명하게 드러날 것이다.

앞으로 일주일 동안 매일 자기수용을 실천해 본다면 어떻게 될까?

하루 15분, 자존감을 키우는 문장완성 연습
자기수용

다음의 문장 앞절을 보고 너무 오래 생각하지 않은 채 최대한 빠르게 여섯 개에서 열 개까지 문장의 뒷절을 완성해 본다. 이때 문장 뒷절이 사실과 다르거나 다른 문장 뒷절과 상충할까 봐 걱정할 필요는 없다. 문장완성 연습을 한다고 생각하고 가벼운 마음으로 기록해 본다.

◇ 자신을 싫어하는 척해서 좋은 점은⋯⋯

_____

_____

_____

_____

_____

_____

◇ 내가 받아들여야 하는 것은⋯⋯

_____

_____

_____

_____

＿＿＿＿＿＿＿＿＿＿＿＿＿＿＿＿＿＿＿＿＿＿＿＿＿＿＿

＿＿＿＿＿＿＿＿＿＿＿＿＿＿＿＿＿＿＿＿＿＿＿＿＿＿＿

◇ 어떤 단점이 있든 나 자신을 좋아한다고 인정할 용기가 있
   다면……

＿＿＿＿＿＿＿＿＿＿＿＿＿＿＿＿＿＿＿＿＿＿＿＿＿＿＿

＿＿＿＿＿＿＿＿＿＿＿＿＿＿＿＿＿＿＿＿＿＿＿＿＿＿＿

＿＿＿＿＿＿＿＿＿＿＿＿＿＿＿＿＿＿＿＿＿＿＿＿＿＿＿

＿＿＿＿＿＿＿＿＿＿＿＿＿＿＿＿＿＿＿＿＿＿＿＿＿＿＿

＿＿＿＿＿＿＿＿＿＿＿＿＿＿＿＿＿＿＿＿＿＿＿＿＿＿＿

＿＿＿＿＿＿＿＿＿＿＿＿＿＿＿＿＿＿＿＿＿＿＿＿＿＿＿

◇ 저항하기보다 내 감정을 받아들인다면……

＿＿＿＿＿＿＿＿＿＿＿＿＿＿＿＿＿＿＿＿＿＿＿＿＿＿＿

＿＿＿＿＿＿＿＿＿＿＿＿＿＿＿＿＿＿＿＿＿＿＿＿＿＿＿

＿＿＿＿＿＿＿＿＿＿＿＿＿＿＿＿＿＿＿＿＿＿＿＿＿＿＿

＿＿＿＿＿＿＿＿＿＿＿＿＿＿＿＿＿＿＿＿＿＿＿＿＿＿＿

＿＿＿＿＿＿＿＿＿＿＿＿＿＿＿＿＿＿＿＿＿＿＿＿＿＿＿

＿＿＿＿＿＿＿＿＿＿＿＿＿＿＿＿＿＿＿＿＿＿＿＿＿＿＿

5장

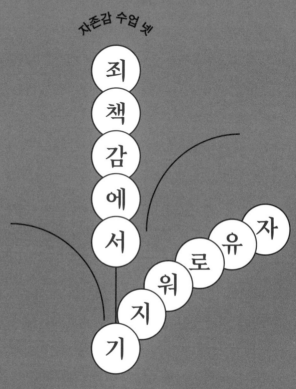

자존감 수업 넷

죄책감에서

지워로유자기

'무조건 내 탓'이
자존감에 미치는 영향

특정 분야의 전문지식이 많든 부족하든, 다른 사람이 허락하든 허락하지 않든 상관없이 탄탄하고 긍정적인 자기개념을 갖추고 나서 그것을 유지하는 것은 모든 사람의 궁극적인 목표다.

이러한 목표를 달성하기 위해서는 자신의 행동을 어떻게 생각하는지가 (즉 자신의 행동을 판단하는 기준과 정황이) 매우 중요하다. 특히 자신을 비난하려고 할 때는 더더욱 그렇다. 죄책감은 긍정적인 자존감을 무너뜨린다.

자기 행동을 평가할 때 다음과 같은 질문을 던져보자. 누구의 기준으로 자신의 행동을 평가하는가? 자기 행동을 평가하는 기준이 자신의 기준인가? 다른 사람의 기준인가? 자신이 왜 그렇게 행동했는지 이해하려고 노력하는가? 당시에 이용 가능하다고 생각했던 환경과 정황, 선택권을 고려해서 자기 행동을 평가하는가? 다른 사람이 당신과 같은 행동을 했다면 어떻게 평가할 것인가? 자신의 행동도 그와 똑같이 평가할 것인가?

자신의 행동을 돌이켜 볼 때 자신이 처했던 환경을 확인해 보는가? 특정한 주제는 잘 몰라도 다른 많은 주제에 관해서 상당히 잘 알면서도 지나치게 일반화해서 '내가 무지하다'고 말하는가? 또는 특정 분야에서는 지식이나 힘이 부족하지만 다른 분야에서는 그렇지 않음에도 '내가 약하다'고 말하는가?

앞으로 똑같은 실수를 저지르지 않기 위해 자신의 행동을 후회하고 거기서 교훈을 얻으려고 하는가? 아니면 그냥 괴로워하면서 적절하지 못한 행동임을 알고도 계속하는가?

이 모든 질문의 답은 자존감에 크나큰 영향을 미친다.

죄책감을 느끼는 순간은 이러하다.

∘ 자신이 한 일이나 하지 못한 일을 생각하면서 자기가치감이 낮아졌다고 느낄 때

∘ 자신의 행동을 합리화하거나 정당화하고 싶어질 때

∘ 자신의 행동을 지적하는 누군가에게 방어적이거나 호전적인 태도를 드러낼 때

∘ 자신의 행동을 기억하거나 분석하기가 고통스러울 정도로 힘들 때

자신이 행하거나 행하지 못해서 자책하는 행동을 떠올려본다. 자존감에 영향을 줄 정도로 중요한 행동이어야 한다. 그러고 나서 이렇게 자문해 본다. 누구의 기준으로 평가하고 있는가? 자신의 기준인가? 다른 사람의 기준인가? 평가 기준이 자신의 기준이 아니라면 이렇게 자문해 본다. 나는 이 문제를 진심으로 어떻게 생각하는가? 생각하는 인간으로서 정직한 마음과 온전한 의식을 동원해 찾아봐도 자신의 행동에서 조금의 잘못도 찾을 수 없

다면 용기를 내서 자신을 탓하는 행동을 그만둘지도 모른다. 아니면 자기 행동을 평가하는 새로운 관점을 찾아낼 수도 있다.

내담자 루시는 마지막 치료를 받으러 왔던 날 이렇게 말했다. "전 늘 자책하곤 했어요. 엄마와 함께 살기 싫어했으니까요. 남편과 아이들과 함께 사는 제 삶에 엄마를 받아들이기가 싫었어요. 전 무엇보다 부모를 우선시해야 한다는 가르침을 받고 자랐어요. 그런데도 그런 이기심을 품었으니 그건 죄악이죠. 하지만 치료를 받으면서 진짜 내 생각이 무엇인지 찾고 거기에 집중해야 한다는 사실을 배웠어요. 그래도 뭐 아무 소용이 없었지만요. 엄마는 항상 절 싫어한다는 사실을 전혀 숨기지 않았고, 저도 엄마를 좋아하지 않았어요. 우린 사이가 좋지 않았죠. 엄마는 평생 우울하고 암울한 이야기만 했어요. 저한테도 항상 너무 행복하면 뭔가가 잘못된 거라고 했죠. 그런 엄마와 함께 살면 저와 우리 가족에게 지옥이 펼쳐질 게 분명했어요. 그래서 엄마와 함께 살 수 없다고 했어요. 그랬더니 형제자매들이 저한테 말도 걸지 않더군요. 전 나머지 가족들과 다른 시각으로 인생을 바라보고 있어요. 이건 제 인생이지 그들의 인생이 아니잖아요. 그러니 제 눈에 합리적이다 싶은 방식대로 살아갈 거예요. 그 결과도 받아들일 거고요."
그렇다고 모든 가치가 주관적이고, 개개인이 도덕적이라고 생각하거나 느끼는 것이 도덕적이라는 뜻은 아니다. 나는 『자기

존중』에서 합리적이고 객관적인 나만의 윤리 개념, 다시 말해 합리적이거나 계몽된 자기 이익에 관한 윤리를 정립했다. 하지만 사람들은 종종 타인이 선호하는 가치에 짓눌려 자신의 욕구와 인식, 자존감을 버린다.

드러내지 않는 분노는
가짜 죄책감을 낳는다

∨∧∨

치료 과정에서 마주하는 소위 죄책감이라는 감정은 대부분 부모나 배우자처럼 내담자에게 중요한 사람들의 비난이나 비판과 관련 있다. 그러므로 (자신이나 타인의) 죄책감을 불러일으키는 발언을 곧이곧대로 받아들이는 것은 바람직하지 않다. 예컨대 누군가가 "난 이런저런 일로 죄책감을 느낍니다"라고 말해도 속뜻은 이렇다. "엄마나 아빠(아니면 다른 중요한 사람)한테 내가 한 일을 들키면 비난받고 혼나고 버림받을 거야." 하지만 이런 속마음을 인정하는 경우는 거의 없다. 가끔은 자기 행동이 잘못되지 않았다고 생각하는데 이 경우 죄책감도 느끼지 않는다. 그러므로 '죄책감'이라는 문제를 해결하려면 자아의 진정한 목소리에 귀를 기울이고, 진정으로 공유하지 않는 타인의 생각보다는 자신의 판단을 존중해야 한다.

내가 치료했던 내담자들 가운데 몇몇은 부모님에게 자위행위가 죄악이라고 배워서 자위행위를 하면 죄책감이 느껴진다고 말했다. 이때 치료사는 종종 자신의 권위 대신 내담자 부모님의 권위를 내세워서, 자위행위가 완벽하게 받아들일 수 있는 행동이라고 말해 내담자를 안심시키면서 이 문제를 해결한다. 하지만 자위행위에서 느끼는 '죄책감'은 대체로 도덕성을 잘못 해석해서 비롯된 감정이다. 나는 이 문제를 위장용 문제라고 여기고 싶다. 이보다 더 심각한 문제는 의존성과 자기주장을 두려워하는 마음이다. 좀 더 구체적으로 말하자면 타인의 가치에 이의를 제기하기 두려워하는 마음이다. 그래서 나는 제일 먼저 이 문제를 이렇게 바꿔 정의했다. "자위행위가 죄악이라고 생각하지는 않지만 부모님이 허락하지 않을 것 같아 두렵다." 이렇게 하면 죄의식과 자책에서 벗어난다. 문제의 정의도 더욱 정확해진다.

죄책감에서 벗어났다면 다음 도전 과제는 자신의 인식과 신념을 지키며 그에 따라 행동하고자 하는가이다. 이와 같은 의지는 '자기존중'과도 연결된다. 이 도전 과제를 받아들이면 자존감이 높아진다.

죄책감을 토로하는 발언은 종종 부인하고 부정한 분노의 감정을 가리려는 연막에 불과하다. 그러므로 그 속뜻은 이렇다. "다른 사람의 기대나 기준에 부응하지 못했어요. 그러한 기대와 기준에 짓눌렸다는 사실을 인정하기가 두려워요. 너무 무서워서 사람들이 저한테 거는 기대를 생각하면 화가 난다는 사실도 인정하지 못해요. 그래서 저 자신과 다른 사람들에게 옳은 일을 하지 못해 죄책감을 느낀다고 말하죠. 그러면 제 분노를 드러내 다른 사람과의 관계를 위험에 빠뜨릴까 봐 두려워할 필요가 없죠."

이 이야기에서 자신의 모습을 찾아볼 수 있는가? 그렇다면 당신도 '죄책감'을 느낀다는 뜻이다. '죄책감'을 없애는 해결책은 자신과 타인에게 자신의 분노를 솔직하게 드러내는 것이다. 당연히 제일 먼저 자신에게 솔직해져야 한다. 자신의 분노를 인정하자. 진짜 자기 것이 아닌 기준과 기대에 분노한다는 사실을 인정하자. 그러면 더욱 많은 자율성을 쟁취하기 위해 고전해야 할지라도 죄책감은 사라지기 시작할 것이다.

내담자였던 어윈은 죄책감 문제를 분석하려고 이렇게 문장완성 연습을 했다. "내가 죄책감을 느끼지 않는다면 마음이 불안할 거야. 내가 죄책감을 느끼지 않는다면 가족들이 왜 내가 오빠를 뒷받침해 주기를 바라는지 알아낼 거야. 내가 죄책감을 느끼지 않는다면 자신도 책임지지 못하는 인간을 책임지는 일에 진저리가 났다고 말할 거야. 내가 죄책감을 느끼지 않는다면 난 죄책감을 느끼는 게 아니라 화가 나는 거야." 이어서 이렇게 말했다. "내가 내 분노를 솔직하게 표현한다면 죄책감을 느낀다는 말을 그만할 거야. 내가 내 분노를 솔직하게 표현한다면 내가 나머지 가족들과 얼마나 다른지 인정할 거야. 내가 내 분노를 솔직하게 표현한다면 더욱 순수하고 자유로워질 거야."

불행한 결혼생활로 치료받으러 온 유니스는 이렇게 문장완성 연습을 했다. "내가 느끼는 감정이 죄책감이 아니라면 다시 일하고 싶다고 인정할 거야. 내가 느끼는 감정이 죄책감이 아니라면 남편과 부딪치는 게 싫어서 내 열정을 억누르고 사는 게 지긋지긋하다고 소리칠 거야."

여기서도 문제의 정의를 바꿔야 할 필요성이 드러난다. 여기서 해결해야 할 문제는 죄책감이 아니라 처리하지 못한 분노와 자기주장을 두려워하는 마음이다. 죄책감이라고 추정하는 감정은 그보다 더 심오한 문제로부터 자신을 보호하려는 수단에 불과하다.

자신의 감정을 더욱 솔직하게 드러낸다면 가짜 죄책감을 느낄 일이 없어진다. 또한 더욱 자유로워져서 의문을 품고 거부해야 할지도 모르는 기대와 가치를 더욱 유심히 살펴보게 된다. 하지만 이렇게 하기가 항상 쉬운 것은 아니다. 쉽다면 사람들이 가짜 죄책감 뒤에 숨을 일도 없을 것이다. 하지만 감정을 드러내려고 노력한다면, 자립을 추구할 용기를 낸다면(낼 수 있다면) 자기확신과 자기존중의 혜택이 당장 나타날 것이다.

그런데 행동 평가 기준이 자신의 기준인데도 자신의 행동이 그 기준을 충족하지 못하거나 그 기준에 어긋난다면 어떻게 될까? 통합성이 약해진다.

성인이 되어 자신의 가치와 기준을 정립해 나갈 때 개인의 통합성 유지는 자기평가에 더욱더 중요한 요소로 자리 잡는다. 통합성은 신념과 기준, 믿음, 행동의 통합을 뜻한다. 자기 행동이 자신이 공언한 가치와 일치할 때 통합성이 생긴다.

이러한 통합성을 더욱 잘 파악할 수 있는 문장완성 연습은 아래와 같다. 공책에 아래의 문장 앞절을 기록하고 여섯 개에서 열 개까지 문장 뒷절을 적어보자.

■ 통합성이 가장 잘 느껴지는 순간은······.
■ 때때로 통합성이 약해지는 순간은······.
■ 나 자신이 가장 좋은 순간은······.
■ 나 자신이 가장 싫은 순간은······.
■ 내가 나 자신에게 말하는 기준을 충족하지 못하는 순간은······.
■ 내 기준에 부응하며 살기가 훨씬 쉬워지는 경우는······.

꼼짝달싹 못하게 된다면 길을 만들어나가야 한다는 사실을 명심하자. 이때 할 수 없다고 말하지 않는다. 당신은 할 수 있다. 하겠다고 선택하느냐가 문제일 뿐이다. 문장완성 연습을 할 때는 완성한 문장을 몇 분 동안 곰곰이 생각해 본다. 그러면 기분이 어떤가? 무엇을 의식하게 되는가? 무엇을 배우게 되는가? 이쯤에서 자신에 관해 발견한 사실을 기록해 두면 매우 유용하다.

자기 행동을 이해하고 용서하는 법

＼＾＾＜

무엇이 적절한지 평가하는 자신의 판단과 상충하는 행동을 하면 체면이 깎인다. 자신을 존중하는 마음도 약해진다. 하지만 자신을 책망하고 비난하기만 하고, 그 일에 대해 더 이상 생각하려고 하지 않는다면 자존감이 낮아지고, 향후 통합성이 감소할 가능성이 커진다. 바람직하지 못한 자기개념은 말하는 대로 된다는 '자기 충족적 예언'으로 나쁜 행동을 낳는다. 자신이 형편없다고 말하면 나아지지 않는다. 행동은 자신이 누구이며 무엇이라고 생각하는지를 반영해 주는 결과다. 그러므로 자존감과 향후 행동에 더욱 유익한 반응을 익혀야 한다.

자기비난에 무너지는 대신 이렇게 자문하는 법을 배울 수 있다. 당시 환경이 어떠했나? 그런 환경에서는 왜 내 선택이나 결정이 바람직하거나 필수적인 것처럼 보였나? 나는 무엇을 성취하려고 했는가? 어떻게 나 자신을 챙기려고 했는가?

인간의 행동은 그와 연관된 사람에게 어떤 의미가 있는지를 이해하기 전까지는 이해할 수 없다. 행동이 일어난 개인적 정황을 알아야 한다. 행동 이면에 자리한 현실 모델, 즉 세상 속 자기 모델self-in-the-world을 알아야 한다.

예를 들자면 이렇다. 내가 지나치게 오랫동안 알코올 중독에서 헤어 나오지 못하고, 나 자신과 아이들 모두에게 위험한 폭력적인 남편과 함께 살기로 한 여자라면 어떨까? 남편을 떠나야 한다는 건 알지만 두렵다. 사는 게 무섭고, 현재 상황도 위험하다. 내가 가진 자원과 선택권은 극히 한정되어 있다. 기본적으로 불안정한 상황에서 나의 개인적인 세상 속 자기 모델은 살아남으려고 애쓰고 있다. 이것이 범죄는 아니다. 좀 더 용기를 내서 자신 있게 행동하고 많은 걱정에 시달리지 않았다면 좋았겠지만 살려고 애쓰는 나 자신을 비난할 수는 없다. 나 자신과 세상을 바라보는 관점을 바꾸면 더 나은 방식으로 살아갈 수 있다는 사실을 배울 수 있다.

여기서 중요한 사실은 이렇다. 이해하고자 하는 마음과 측은지심을 품고(자기 행동이 잘못됐음을 잠시도 부인하지 않고) 자신의 개인적인 정황을 살펴볼 수 있다면, 자신이 자신에게 어쩌다가 그런 행동을 했는지 진심으로 알고 싶어 하는 좋은 친구가 되어줄 수 있다면, 자신을 치유할 수 있다. 후회와 회한이 찾아들 수는 있지만 자기비난은 있을 수 없다. 앞으로 더 잘하겠다는 결심이 가장 그럴듯한 결과물이다.

이러한 양상은 치료 시 권장되는 바이기도 하다. 치료 도중에 불륜 행위를 고백하는 여성, 회사 자금 횡령 사실을 인정하는 직원, 어린 동생을 일부러 때렸다고 털어놓는 십 대 아이, 자료를 조작했다고 인정하는 과학자, 아이의 욕구를 잔인하게 무시했다는 사실을 직시하는 부모, 학생의 공을 가로챘다고 인정하는 교수, 연인과 데이트하려고 병가를 냈다고 인정하는 비서, 악의적으로 조작한 소문을 퍼트렸다고 고백하는 칼럼니스트가 있다. 이 가운데 몇몇은 별것 아닌 행동이지만 끔찍한 결과를 낳는 행동도 있다. 내담자가 치료 도중에 자신에 관해 이야기하고 죄책감을 드러낼 때는 어떤 식으로 치료해야 할까?

보통은 이렇게 말한다. "그렇게 행동한 자신을 비난하고, 기분도 좋지 않다는 건 알겠어요. 우선 그때 왜 그렇게 했는지 한번 알아보죠. 어떤 감정과 생각에 자극받아 그런 행동을 했나요? 이 문제를 한번 생각해 볼 수 있나요?"(이때 내담자를 비난하지 않고, 이렇게 말하지도 않는다. "옳은 행동을 한 겁니다. 그러니 마음 쓸 필요가 전혀 없어요.")

행동할 때는 (살아 있는 모든 유기체가 그렇듯이) 언제나 어느 정도 수준에서 자신의 욕구를 충족시키려고 애쓴다는 사실을 명심해야 한다. 행동은 언제나 생존하거나 자아를 보호하고, 평정을 유지하거나 두려움과 고통을 피하고, 자신을 키워나가거나 성장하려는 노력과 관련이 있다. 잘못된 길을 선택하더라도, 객관적으로 봐서는 자기파괴를 일삼는 것 같아도 주관적으로 봐서는 어느 정도 수준에서 자신을 보호하려는 행동이다. 견딜 수 없는 고통에서 벗어나려고 자살하는 경우처럼 말이다.

하지만 바람직하지 못한 행동의 근원을 이해하려고 한다고 해서 이들의 행동을 정당화하려는 의도는 전혀 없다. 이해를 하든 연민을 품든 책임을 부인할 수는 없다.

실제로 잘못된 행동을 저질러 죄책감을 느끼는 내담자에게는 자신을 용서하기 위해 어떤 행동을 취할지 생각해 보라고 한다. 자기용서는 아주 중요한 문제이므로 여기서 자세히 살펴보겠다.

자기용서를 하려면 앞서 소개한 이해와 연민 그 이상이 필요하다. 특별히 고려해야 하는 특정한 상황이 가끔 있다는 사실을 참작한다면 일반적으로 죄책감에서 벗어나 자유로워지는 상당히 구체적인 단계가 있다.

첫째는 특정한 행동을 한 사람이 자신이라는 사실을 (부인하거나 무시하기보다는 진실로 받아들이고) 인정하는 단계다.

둘째는 자기 행동 때문에 다른 사람이 해를 입었다면 그 사람(혹은 그 사람들)에게 피해를 입혔다는 사실을 솔직하게 인정하고, 자기 행동의 결과를 잘 알고 있다고 전달하는 단계다.

셋째는 자신이 가한 피해를 최소화하거나 바로잡기 위해 할 수 있는 모든 행동(훔친 돈 갚기, 거짓말 철회하기 등)을 취하는 단계다.

마지막은 앞으로 다르게 행동하겠다고 단호하게 약속하는 단계다. 행동의 변화 없이는 자기불신이 사라지지 않기 때문이다.

애초에 그렇게 행동한 이유를 탐색해 보는 단계도 있다. 이 단계를 건너뛰면 죄책감에서 벗어나지 못한다. 또한 적절하지 못한 행동 패턴을 반복할 가능성이 커진다.

어떤 범죄는 너무 끔찍해서 여기서 소개하는 자기용서가 거의 불가능하거나 비현실적이다. 몇 가지 실례를 들자면 강제수용소 고문자나 대량학살범의 행동이 그렇다. 하지만 이런 사람들은 심리치료를 받거나 자존감에 관한 책을 읽지 않는다고 알려져 있다.

반면 그런 일부를 제외한 대부분의 사람들의 경우에는 자신을 이해하고 용서하는 법을 배운다면 행동이 개선된다는 증거가 압도적이다. 하지만 끊임없이 자기비난을 일삼는다면 행동은 더욱 악화된다.

자기용서를 도와주는 연습 방법은 이렇다. 자기비난으로 이어지는 몇 가지 행동을 명확하게 구체적으로 기록한다. 왜 자신의 행동이 잘못됐다고 생각하는지 설명해 보자. 그러고 나서 눈을 감고 자신이 아닌 좋아하는 친구가 그런 행동을 했다고 상상해 본다. 그 친구를 만나 이야기를 끌어내고, 행동 이면에 깔린 관점과 감정을 찾아주는 세상 속 자기 모델을 표출할 수 있게 도와

준다고 상상해 본다. 다음에는 좋아하는 친구를 자신으로 바꿔서 생각해 본다. 기분이 어떤가? 무엇을 의식하게 되는가? 이 경험을 공책에 기록한다.

이후에는 이렇게 생각해 본다. 사랑하는 누군가를 그처럼 자애로운 관점으로 바라보는 게 적절하고 바람직하다고 생각한다면 당신 자신도 흔쾌히 그러한 관점으로 바라보는 것은 어떠한가? 물론 자신을 그러한 관점으로 바라보지 않는다면 다른 사람도 그런 관점으로 바라보지 않을 가능성이 크다. 자기 행동을 비이성적일 정도로 호되게 평가하는 사람은 대체로 다른 사람의 행동도 가차 없이 호되게 평가한다. 이와는 정반대로 단순한 방종이 아니라 책임감 있는 자기연민을 품으면 타인에게 자애로움을 베풀 수 있다. 자아와 타인에게 베푸는 자비심은 자존감의 표현이자 자존감 향상 도구다.

제리는 많은 개인적인 문제로 상담을 받으러 왔다. 그중에는 결혼한 지 겨우 몇 년 만에 두 살도 채 되지 않은 아들과 아내를 버리고 떠나서 죄책감을 느낀다는 문제도 있었다. 그게 15년 전 일이었다. 이후 제리는 이혼하고 재혼했지만 자신이 남에게, 특히 아들에게 상처를 주었다는 사실에 심히 괴로워했다. "나 자신을 어떻게 용서하죠? 제 잘못을 어떻게 바로잡을 수 있을까요?" 제리의 질문에 나는 앞서 설명했던 방법을 알려주었고, 제리는 그 방법대로 자신과 똑같은 일을 저지른 친구에게 상담을 해준다고 상상해 보았다. 그러자 몇 년 전에 느꼈던 공포와 감당하기 힘든 책임감에 짓눌렸던 느낌, 아내를 사랑하지 않았는데도 '착한 사람'으로 보이고 싶은 마음에 결혼하자는 아내의 압박에 굴복하고 말았다는 사실 등이 떠올랐다. 제리는 당시에 좀 더 책임감 있게 존경받을 만한 행동을 할 수 있었다는 생각을 버리지 못했다. 하지만 훨씬 젊은 자기의 의식으로 들어가서는 적어도 자신이 변덕에 이끌려 행동하지는 않았다고 평가했다. 또한 자신이 인지한 그 세상에서 지금은 분명하게 보이는 선택권을 그때는 제대로 파악하지 못했다는 사실을 깨달았다.

제리는 아들과 전처를 찾기로 결심했다. 자기 잘못을 인정하고, 자신이 가한 고통을 이해하고, 자신에게 원하는 만큼 마음껏 분노를 토해낼 아들과 전처의 권리를 인정하고, 그들을 돕기 위해 할 수 있는 일이 있는지 알아보겠다고 마음먹었다. 제리는 자신을 용서했고, 아들과 전처가 원치 않으면 자신을 용서하지 않을 권리도 있다고 인정했다. 두 사람이 겪은 고통도 연민하는 마음으로 명확하게 볼 수 있었다. 자기비난에 사로잡혀 있는 한은 절대 불가능한 일이었다. 이렇게 되자 적절한 행동도 취할 수 있었다.

제리는 전처가 쌓아 올린 통한의 벽을 뚫고 들어갈 수 없었지만 아들과는 둘 모두에게 매우 만족스러운 관계를 맺을 수 있었다. 아들이 의심과 눈물, 분노로 점철된 길고도 힘든 시절을 보낸

끝에 이루어진 일이었다.

"죄책감과 연민은 서로 잘 섞이지 않아요. 제가 형편없는 인간 이라고 생각하는 한은 저의 다른 일부가 항상 방어적으로 굴면서 자기를 보호하려고 하죠. 제가 그런 생각을 떨쳐버리자 제 평생 처음으로 현실적인 측면에서 아들과 전처의 관점을 볼 수 있었죠. 이제는 그들을 위해 할 수 있는 일이라면 무엇이든 기꺼이 즐겁게 할 겁니다. 제가 할 수 없는 일이 있다면 받아들이고 타협하고요."

죄책감을 느끼는 게 일종의 미덕이라고 말한다면 그보다 더 끔찍한 실수는 없다. 자신에게 극도로 가혹한 태도는 자랑할 만 한 것이 아니다. 오히려 그런 태도 때문에 수동적이고 무기력한 사람이 된다. 변화는커녕 모든 것이 마비된다. 고통을 겪는 일은 모든 인간 활동 중에서 가장 쉽다. 가장 어려운 것은 행복해지는 일이다. 행복해지려면 죄책감에 굴복하는 게 아니라 죄책감에서 해방되어야 한다.

자기비난에서 벗어나는
자존감 훈련

∨∨∨

이번에는 자기 행동을 부적절하게 평가해서 자존감을 해치는 또 다른 경우를 살펴보겠다.

특정한 상황에서 자기가 취한 행동을 토대로 '본질적 본성'을 일반화해서 자존감을 해치는 경우가 간혹 있다.

예를 들자면 마틴은 이렇게 말했다. "전 사회 부적응자예요. 사람들과 대화를 나누는 데 소질이 없어요. 뭐라고 말해야 할지 모르겠어요." 나는 물었다. "뭐라고 말해야 하는지 전혀 모르나요?" 그러자 마틴은 이렇게 답했다. "어, 그건 아니에요. 예술이나 문학에 관심 있는 사람들과는 할 이야기가 많아요." 마틴은 스포츠에 관심이 없어서 사무실 동료들이 축구 경기에 관해 이야기할 때 적절하게 대응하지 못한다고 느끼는 것 같았다. "축구에 관심이 있나요?" 내가 묻자 마틴은 이렇게 답했다. "아뇨, 전혀요." 나는 계속 질문을 던졌다. "축구에 관심을 가져야 한다고 생각하나요?" 마틴은 잠시 생각에 잠겼다가 웃으면서 대답했다. "당연히 아니죠." 이에 나는 이렇게 말했다. "자신이 '사회 부적응자'라고 말했는데 사실은 관심 없고 알고 싶지도 않은 주제에 관해서는 할 이야기가 없다는 뜻으로 그렇게 말한 것 같은데요. 관심 없는 주제에 관해서 이야기하지 않는 게 선천적인 결점이 되는 건 아니죠. 예술과 문학에 관심 있는 친구들을 만난다면 더욱 행복해질 겁니다. 사무실 동료들은 당신과 다른 관심사를 가질 수 있고, 당신도 그들과 다른 관심사를 즐길 수 있어요. 이 사실을 용인한다면 직장 동료들 사이에서도 더욱 여유로워질 수 있고, 당신이 그들과 같은 종이라는 사실도 발견할 수 있을지 몰라요." 이후 마틴을 치료하면서 마틴과 그의 동료들이 쓸데없이 제한적인 세계에 갇혀 대화를 나누고, 서로의 관심사가 다르지만 그들 사이에 잠재적인 소통 통로가 많다는 사실이 드러났다.

연설을 두려워하는 체스터는 "전 겁쟁이에요"라고 말했다. 나는 이렇게 물었다. "'전 겁쟁이에요'라는 말과 '사람들 앞에서 말할 생각을 하면 불안해요'라는 말이 어떻게 다른 것 같나요?" 체스터는 "선생님의 표현은 문제를 축소한 것 같아요"라고 대답했다. 내가 아는 모든 사람은 특정한 몇몇 상황에서 자기확신을 가졌지만 다른 상황에서는 그러지 못했다. 체스터가 자신 있게 연설하는 법을 배우고 싶어 했다면 훨씬 쉽게 배울 수 있었을 것이다. 하지만 그 문제를 '비겁함'으로 일반화하는 바람에 자존감에 해를 입기만 하고 아무것도 성취하지 못했다.

직장에서 상사에게 백일몽을 꾼다고 종종 질책받은 에어컨 수리기사 에드는 이렇게 말했다. "전 끔찍하게 게을러요." 하지만 알고 보니 에드는 낮 근무가 끝난 후 밤늦게까지 스릴러 소설을 쓰고 있었다. 에드에게는 소설 쓰기가 인생에서 가장 열정을 쏟는 일이었다. 에드는 자신이 가장 하고 싶어 하는 일만 빼고 안 해본 일이 없었다. 결국에는 좀처럼 사라지지 않는 좌절감과 자기 불만족에 사로잡혔다. 하지만 '게으른' 사람은 아니었다. 이렇게 모욕적인 표현은 해결책을 찾는 데 조금도 도움이 되지 않았고, 에드의 자기존중만 약해졌다. "당신이 게으른 게 아니라 지루한 업무를 성실하게 수행하기가 상당히 어렵다고 말하면 어떨까요? 작가로 살면서 생계를 이어나갈 수 없다면 그건 문제가 되겠죠. 하지만 당신은 그 문제 때문에 자신을 탓하지는 않아요. 새벽 3시까지 글을 쓰고도 몽롱한 정신으로 출근하잖아요. 그건 게으른 게 아니죠. 그렇지 않아도 힘든데 왜 자기비난으로 상황을 악화시키는 거죠?"

이제 이 원칙을 자신에게 적용하면 어떨지 생각해 보자. 자기 탓으로 돌리는 몇 가지 부정적인 특성을 생각해 본다. 그러고는 그러한 특성을 드러내지 않는 세 가지 상황을 생각해 본다. 이어서 (글쓰기에 대부분의 시간을 투자하는 에드처럼) 그와 완전히 상반되는 행동을 하는 상황이 있는지 알아본다. 이러한 연습을 통해 자기 탓으로 돌리는 모든 부정적인 특성을 살펴보고, 기록도 해두면 더욱 좋다. 그러면 모욕적인 표현을 삼가고 자신의 자존감을 공격하는 일을 그만둘 기회가 생긴다. 더 나아가서 자신이 존경하지 않는 방식으로 행동했던 당시의 상황에 관심이 쏠릴 것이다. 이후에는 그런 상황에서 왜 그런 행동이 나왔는지 이유를 찾아본다.

다음에는 ― 여기서는 공책을 사용하는 게 가장 유용하다 ― 그런 상황에서 취할 수 있었던 다른 대안적 반응 세 가지를 떠올려본다. 이 새로운 반응을 취하면 어떻게 될지 상상해 본다. 그중에서 무엇이 가장 마음에 들고 자신에게 가장 적합한지 살펴본다. 새롭고 좀 더 바람직한 행동을 취하는 자신을 그려보는 연습을 한다. 새로운 행동을 성공적으로 취하는 자신의 모습을 지켜본다. 그러고는 밖으로 나가서 상상해 본 것을 직접 실천해 본다. 이것은 이 세상에서 효능감을 키우는 증명된 방법이다. 초기의 실망감과 좌절감, 혹은 '되돌아가는 현상'에도 이 연습을 계속한다면 (거의 모든 사람이 그렇듯이) 자신에게 깃든 변화의 힘을 얼마나 과소평가했는지 깨닫게 될 것이다.

죄책감에서 벗어난 사람은 절대 후회하거나 유감스럽게 생각하거나 (한동안) 자책하게 되는 행동을 하지 않는다. 그보다는 앞에서 소개한 교정 행동을 취하고, 더 나아가 실수에서 교훈을 얻는다. 이들은 실수를 돌이켜 보고 곰곰이 생각해 본다. 실수의 근본적인 패턴을 찾아내 피한다.

간혹 마음속 어딘가에서는 실수에서 무엇을 배워야 하는지 '알지도' 모른다. 하지만 자신의 지식을 온전히 의식하는 방법은 '모른다'. 이때 문장완성 연습을 하면 크게 도움이 된다. 문장완성 연습은 평범한 의식 저편의 깊숙한 곳까지 도달하는 주요 도구이기 때문이다.

자책하는 행동(혹은 무행동)을 몇 가지 생각해 보면서 '내가 한 행동을 자세하게 살펴본다면(살펴보지 못한다면)……'이라는 문장 앞절을 기록한다. 그러고는 자기비난이나 자기검열 없이 최대한 빠르게 여섯 개에서 열 개까지 문장 뒷절을 적는다. 이때 문장 뒷절이 (처음에는 말도 안 되는 것처럼 보이더라도) 저절로 흘러나오게 둔다. 다음에는 아래 문장들을 완성해 본다.

- 그 행동을 했을 때 나 자신에게 속삭였던 말은……
- 이 경험에서 배울 수 있는 것은……
- 앞으로 이 실수를 피하는 방법은……
- 나 자신을 더욱 좋아하게 되는 경우는……
- 내가 완벽하게 이해한 것에 반하는 행동을 하는 순간은……
- 내가 의식하는 것은……
- 지금 의식하는 수준을 유지한다면……
- 내가 쓰고 있는 내용을 더욱 잘 이해하려고 하면……
- 앞으로 더욱 적절하게 행동한다면 기분이……
- 이 문제가 점점 더 명확해지면……

이 연습 과정에 적극적으로 참여하지 않는다면 치유와 통합이 어떻게 이루어지는지 알 길이 없다. 감히 추측하건대 몇몇 독자는 이 과정을 통해 성장하고 변화할 수 있다는 사실을 무의식적으로 알고 있기 때문에 이 연습 과정을 실행하지 않으려 할 것이다. 자신의 실수와 죄책감에 집착하는 사람은 말은 그렇지 않다고 하면서도 실제로는 변화를 추구하지 않는다.

그렇다면 왜 죄책감에 집착하는 걸까? 우선 죄책감에 사로잡히면 수동성에 갇혀 새로운 행동을 취할 필요가 없어지기 때문이다. "죄책감이 들어요. 전 실망스러운 사람이에요. 항상 그랬고, 그게 인생이죠." 이 말의 속뜻은 이렇다. "나한테 아무것도 기대하지 마세요."

또 다른 이유는 불행이 익숙하기 때문이다. 불행을 즐기는 게 아니라 불행에 익숙해진 탓이다. 우울함과 자기비난으로 자신을 보호하고 감싸지 않는다면 생에서 무엇을 마주하게 될지 누가 알겠는가? 어떤 역경을 마주해야 할지 누가 알겠는가? 불행은 아늑함을 선사해 줄 수 있지만 행복은 의식과 에너지, 규율, 헌신, 통합성이라는 측면에서 더욱 많은 것을 요구한다.

어렸을 때 부모에게 사랑과 보살핌을 받지 못해서 자신이 나쁘거나 쓸모없는 사람이라고 믿게 된 사람들이 있다. 이들은 성인이 되어서도 자신의 성취감과 자존감을 희생시켜 가면서 부모를 '올바른' 사람으로 만들어 부모—자식 간의 관계를 보호하려고 한다. 이런 태도는 부모가 돌아가신 후에도 오랫동안 지속될 수 있다. 이는 내면에서 펼쳐지는 한 편의 극이다.

그러므로 죄책감에서 해방되려면 용기가 필요하다. 정직성과 인내, 독립성을 유지하겠다는 다짐, 그리고 진정성과 책임감을 갖고 적극적으로 의식하며 살겠다는 다짐도 필요하다. 이는 실행 가능한 일이다.

너무 잘나서 괴롭다는
당신에게

∨∧∕∨

자신의 진짜나 가상의 단점뿐만 아니라 장점, 자산에도 방어적으로 굴거나 자기비난에 빠진다면 어떻게 될까?

자기 생각과 감정, 혹은 행동을 비난할 때 숨은 의도는 자존감을 보호하는 것이다. 설령 의도한 것과 반대되는 효과가 나타나더라도 말이다. 인간은 누구나 어느 정도 수준에서 자신을 보살피거나 보호하려고 애쓴다. 그렇기 때문에 적어도 겉으로는 그럴듯해 보이는 타당성을 확보하려고 결국 단점이나 결점이라고 여기는 것은 비난한다. 그렇다면 자기 내면의 긍정성, 심지어는 미덕까지도 거부하거나 비난하는 건 대체 어떻게 된 일일까?

이에 관한 실례는 자기수용을 설명할 때 이미 살펴보았다. 앞서 살펴본 바에 따르면 사람들은 자신을 좋아하는 감정이나 자부심을 부인할 수도 있다. 그러한 감정에 뒤따라오는 책임감이 두렵거나 사회적으로 고립되고 타인의 반감을 살까 봐 두렵기 때문이다. 하지만 몇 가지 다른 실례도 있다. 이렇게 생각하는 사람이 있다는 사실을 믿기 힘들어하는 독자가 있는 반면, 그런 사람들을 아주 잘 알아보는 독자도 있다.

"외모가 뛰어나서, 다시 말해 대부분의 사람들보다 외모가 뛰어나서 죄책감을 느껴요."

이 말이 암시하는 바는 이렇다. 뛰어난 내 외모는 그런 외모를 갖추지 못한 모든 사람에게 불공평뿐만 아니라 질책을 의미한다. 이 말은 대체로 이렇게 해석된다. 다른 사람들의 질투나 시기가 두렵다.

"너무 똑똑해서, 다시 말해 대부분의 사람들보다 훨씬 똑똑해서 죄책감을 느껴요."

이 말이 암시하는 바는 이렇다. 나는 우수한 두뇌를 가지지 못한 대부분의 사람들과 달리 운 좋게 뛰어난 두뇌를 타고났다. 모두가 타고난 잠재적 지능을 발휘하고 싶어 하므로 내가 내 자질로 무언가를 해냈다고 해도 자부심을 드러내서는 안 된다.

이는 대체로 이렇게 해석된다. 지성에 분노하는 사람들의 반감을 살까 봐 두렵다.

"많은 사람이 실패할 때 성공해서 죄책감을 느껴요."

이 말이 암시하는 바는 이렇다. 도덕적으로 나의 성취를 칭찬받을 자격이 없을 뿐만 아니라 나의 성취는 이유가 무엇이든 나와 똑같은 성취를 이루지 못한 사람에게 불공평을 의미한다. 더 나아가서 나는 나보다 이룬 것이 적은 사람들에게 도덕적으로 빚을 지고 있다.

이는 내가 성취한 것을 자랑스럽게 여기는 감정을 드러내지 않으면, 타인뿐만 아니라 나 자신에게도 자부심을 숨기면, 사람들이 나를 용서하고 좋아할지도 모른다는 의미로 해석된다.

이처럼 긍정성에 방어적인 태도를 보이든 죄책감을 가지든 상관없이 위 이야기에는 두 가지 주제가 포함되어 있다. 자기책임에 대한 두려움과 고립이나 혼자되는 것에 대한 두려움이 그것이다. 물론 이 두 가지는 서로 연관되어 있다. 하지만 타인과 잘 어울린다고 느끼고 싶어서 타인에게 소속되려고 한다면 안타까울 따름이다.

공동체 의식을 갖고 싶은 욕구가 비합리적인 것은 당연히 아니다. 하지만 공동체 의식을 가지려고 자존감을 희생한다면 새로운 종류의 외로움이 생겨날 뿐이다. 혼자 느끼는 외로움은 인간 고난의 가장 흔한 근원 가운데 하나다.

이러한 주장에 마음이 흔들린다면, 자신한테도 그런 일면이 있다고 인정한다면 다음 질문을 생각해 보길 바란다. 사랑하는 아이가 있는데 그 아이가 아름답고 건강하고 똑똑하고 창의적이라면, 혹은 자라서 성공한다면 그런 자신에게 죄책감을 느끼기를 바라는가? 당신의 아이가 살아 있다는 사실에 죄책감을 느끼기를 바라는가? 이런 질문을 던지는 이유는 자기 자신에 대해 생각할 때는 혼란에 빠져도 자신의 심리를 가상의 아이에게 투영시키면 즉각 혼란이 사라지는 경우가 많기 때문이다.

자기 내면에 깃든 최상의 모습을 인정하고 받아들인다고 해서 오만하고 과시하거나 거드름 피우는 사람이 되는 것은 절대 아니다. 자신이 누구인지에 대해 거짓말하려고 해서는 안 된다. 시기해서 미안하다고 사과하거나 시기심을 달래려고 해서도 안 된다. 건강한 자존감은 그런 종류의 굴복을 허락하지 않는다.

이렇듯 자신의 단점뿐만 아니라 자산도 솔직하게 드러내려면 많은 용기가 필요할지도 모른다.

이를 도와주는 문장완성 연습은 아래와 같다.

- 내 자산을 받아들이기 힘들다면…….
- 긍정성에 방어적으로 대응하는 순간은…….
- 나 자신의 자부심이나 나의 성취를 인정해서 두려운 점은…….
- 시기심이나 질투심을 마주하는 순간은…….
- 시기심이나 질투심이 두려워서 내가 누구인지를 숨긴다면…….
- 내가 존재하는 것 자체로도 죄 많은 사람이라고 평가한다면…….

▦ 내 외모나 지능, 소유물, 혹은 성취에 대해 사과하라고 한
   다면(이 중에서 자신과 가장 깊이 관련된 항목에 동그라미 하고
   문장을 완성한다면)…….
▦ 내가 자랑스럽게 느끼는 것을 인정한다면…….

이와 같은 문장을 각각 대여섯 개씩 완성하는 연습을 한다면
과감히 추측해 보건대 자존감이라는 측면에서(뿐만 아니라 행복이
라는 측면에서) 자신의 자산을 솔직하게 받아들이는 이점이 무엇인
지 따로 설명할 필요도 없을 것이다. 명백하고 즉각적이고 감정적
인 보상이 따라올 테니.

위험을 무릅쓰고 성공이나 행복을 부러워하는 자존감 낮은
사람을 멀리할 것인가? 거의 피할 수 없는 일이다. 그렇다면 몇몇
인간관계는 재평가해야 하는가? 아마도 그럴 것이다. 하지만 자
신의 장점을 받아들이는 법을 배운다면 더 나은, 새로운 인간관계
를 맺을 수 있다. 이것이 바로 심리치료사로서 내가 수없이 목격
한 현실이다. 어떤 경우에는 상대가 당신 못지않게 용기를 내서
자기와 걸맞은 수준의 정직성과 진정성을 갖도록 자극할 것이다.
한 유부남은 이렇게 말했다. "아내와 전 겸손한 척하지 않기로 했
어요. 정말 다행이죠."

자기확신과 자기존중을 얻으려는 투쟁은 요구사항이 많은 만

큼 가치 있는 일이다.

성공적인 투쟁을 위해 한 가지 더 해결해야 하는 문제가 있다.

자기감(자신이 어떤 사람이라고 인지하는 감각 — 옮긴이)은 한순간에 형성된 것이 아니다. 역사가 있다. 오랜 시간에 걸쳐 발달한 것이다. 더욱 높은 자존감으로 향하는 길을 깨끗하게 치워놓으려면 자신과 자기 행동을 적절하게 평가할 수 있어야 한다. 그러려면 종종 과거로 — 자신의 개인적 역사에서 초창기의 자기에게 — 돌아가서 아이—자기나 십 대—자기와 재접속해서 그들을 받아들이고 '용서'해야 한다.

이 주제는 다음 장에서 다루겠다.

하루 15분, 자존감을 키우는 문장완성 연습
죄책감에서 자유로워지기

다음의 문장 앞절을 보고 너무 오래 생각하지 않은 채 최대한 빠르게 여섯 개에서 열 개까지 문장의 뒷절을 완성해 본다. 이때 문장 뒷절이 사실과 다르거나 다른 문장 뒷절과 상충할까 봐 걱정할 필요는 없다. 문장완성 연습을 한다고 생각하고 가벼운 마음으로 기록해 본다.

◇ 내가 왜 그렇게 행동하는지 이해하고자 한다면……

_____

_____

_____

_____

_____

_____

◇ 나 자신을 용서한다면……

_____

_____

_____

◇ 나 자신의 기준에 따라 살아가는 법을 배운다면……

◇ 나 자신을 좋아한다고 인정한다면……

6장

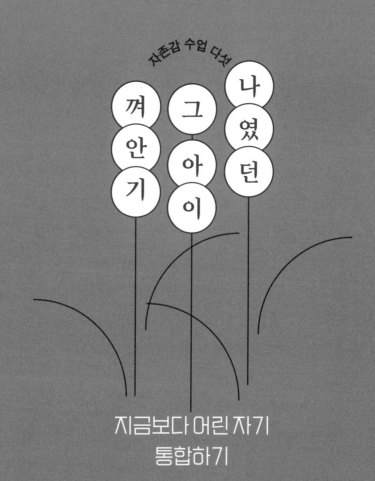

자존감 수업 다섯

껴안기 그아이 나였던

지금보다 어린 자기
통합하기

서른일곱 살의 치과의사는 이렇게 말했다. "어렸을 때는 엄마가 절 사랑해 주기를 간절하게 바랐어요. 가볍게 어루만져 주는 손길이든 다정한 대화든 어떤 형태든 상관없이 애정 표현에 굶주려 있었죠. 돌이켜 보면 그토록 애정에 굶주린 저 자신이 끔찍하게 싫었어요. 그래서 과거를 돌이켜 보고 싶지 않은 것 같아요. 저 자신에 관해 알고 싶지도 않고요. 적어도 당시에 제가 어땠는지는 절대 알고 싶지 않아요. 그때 그 아이가 정말 저였을까요? 그렇다고 믿고 싶지 않아요. 전 그 여자아이가 오래전에 죽었고, 지금은 다른 사람이 됐다고 생각하고 싶어요."

자신을 떠나는 남편한테서 사랑을 주거나 받지 못하는 사람 같다는 불평을 들었을 때 치과의사는 완전히 망가져 어찌할 바를 몰랐다. 남편이 무슨 뜻으로 그런 말을 했는지도 이해하지 못했다고 했다.

마흔여섯 살의 컴퓨터 프로그래머는 이렇게 말했다. "어렸을 때 모습은 떠올리기 싫어요. 그때 전 항상 겁에 질려 있었죠. 아빠가 술에 취해 집에 오면 손 닿는 곳에 있는 사람을 아무나 잡아 때렸거든요. 엄마는 절대 우릴 보호해 주지 않았어요. 전 숨어 다녔죠. 숨을 곳을 찾아다녔어요. 너무 무서워서 말도 제대로 못 했죠.

생각만 해도 구역질 나요. 그때 전 진짜 구역질 나는 아이였어요. 지금 전 그 아이와 아무런 관계가 없는 것 같아요."

이 컴퓨터 프로그래머의 아이들은 아빠가 왜 자기들과 놀아 주지 못하는지 이해하지 못했다. 그냥 아빠가 감정적으로 자기들 곁을 지켜주는 일이 거의 없다는 사실만 알았다. 자기들에게는 아빠가 없는 것 같았다.

서른한 살의 여자 간호사는 이렇게 말했다. "엄마는 너무 냉소적이었어요. 혀를 놀려서 살인을 할 수 있을 정도였죠. 전 어렸을 때 그런 엄마를 감당할 수가 없었어요. 그래서 많이 울었죠. 그때의 절 생각하면 아직도 움찔해요."

그녀가 돌보는 환자들은 간호사가 퉁명스럽고 가끔 톡톡 쏘는 말을 한다며 불평했다. 이 간호사는 자신이 미움받을 행동과 말을 한다는 사실을 알았지만 왜 그러는지는 몰랐다.

쉰한 살의 남자 변호사는 이렇게 말했다. "열두 살 때 동네 깡패에게 괴롭힘을 당한 적이 있어요. 몇 차례 얻어맞은 게 전부였지만 그 후로는 그 사람을 보기만 해도 제가 아무것도 아닌 존재가 되는 것 같았어요. 그 시절은 떠올리고 싶지 않아요. 이야기하고 싶지도 않고요. 사실 그때 그렇게 겁먹었던 소년이 저라고 인정하고 싶지 않아요. 왜 그 상황을 좀 더 잘 헤쳐 나가지 못했을까요? 그때 그 아이는 빠르게 잊어버리고 싶어요."

이 변호사는 자기 일을 아주 잘했지만 그를 좋아하는 의뢰인은 거의 없었다. 의뢰인들은 변호사가 무신경하고 잔인한 사람이라고 생각했다. "깡패 같은 사람이죠." 이렇게 말하는 의뢰인이 한둘이 아니었다.

'아이였던 나'를 부정하는 사람들

＼／＼／

사람들이 어린아이였던 자신을 용서하지 못할 것 같다고 느끼는 이유는 많다. 앞서도 소개했듯이 어떤 사람들은 어린아이였던 자신을 부인하고 부정한다. 풀어서 설명하자면 이들의 태도는 이렇다.

엄마를 너무 무서워했던 나 자신을 용서할 수 없다. 아빠한테 인정받고 싶어서 애를 끓었던 나, 사랑받지 못한다고 느꼈던 나, 돌아가는 주변 상황에 너무 혼란스러웠던 나, 뭔지도 모르면서 아빠한테 성추행당할 짓을 했던 나, 체육 수업 시간에 쭈뼛거렸던 나, 선생님을 너무 무서워했던 나, 학교에서 인기가 없었던 나, 겁 많았던 나, 부끄럼쟁이였던 나, 더욱 강인하지 못했던 나, 부모님에게 반항하기 두려워했던 나, 분노와 적대감을 표출했던 나, 동생을 질투했던 나, 모두가 나보다 더 잘 이해한다고 생각했던 나,

놀림받아도 어떻게 해야 할지 몰랐던 나, 학교에서 제일 값싸고 허름한 옷을 입었던 나를 용서할 수 없다.

한때 자신이었던 아이는 고통과 두려움, 당혹감, 혹은 수치심으로 억압당하고, 부인당하고, 비난받고, 기억 속에 묻힐 수 있다. 다른 사람들이 한때 그랬던 것처럼 어쩌면 자신도 그 아이를 거부한다. 이 아이를 향한 잔인한 태도는 우리의 정신이라는 극장에서 평생 무기한으로 유지될 수 있다. 그동안 아이는 하부인격 subpersonality이자 아이―자기로 계속 존재한다.

성인이 되어서도 자기가 뭘 하는지 의식하지 못한 채 현재의 관계에서 거부당하고 있다는 증거를 찾으려고 한다. 거부당하는 경험이 외적 요인이 아니라 내적 요인 탓이라는 사실도 깨닫지 못한다. 인생은 끊이지 않는 자기비난의 연속이 될 수도 있다. 그런데도 다른 사람이 자신을 사랑하지 않는다고 불평한다.

한때 자신이었던 아이가 무엇을 몰랐든 무엇을 할 수 없었든 그 아이를 용서하는 법을 배운다면, 그 아이가 할 수 있는 최상의 방법으로 살아남으려고 투쟁했다는 사실을 이해하고 받아들인다면, 어른―자기는 더 이상 아이―자기와 적대적인 관계를 맺지 않는다. 하나의 일부는 다른 일부와 다투지 않는다.

아이―자기는 한때 자신이었던 아이의 내적 표현이자 오래전에 자신의 것이었던 태도와 감정, 가치, 관점의 집합체로 심리학적 불멸성을 전체 자기의 한 요소로 보고 만끽하는 존재다.

아이—자기는 언제든지 다소 지배적으로 변할 수 있고, 아이—자기 상태에서는 의식하지도 못한 채 종종 상당히 배타적으로 행동한다.

아이—자기와는 의식하거나 의식하지 않는 관계, 혹은 자애롭거나 적대하는 관계, 연민하거나 가혹하게 대하는 관계를 (암묵적으로) 맺을 수 있다. 이 장에서 소개하는 훈련을 하면 의식하는 긍정적 관계를 맺어 아이—자기를 전체 자기에 흡수하고 통합할 수 있다. 의식하지 않는 부정적인 관계를 맺는다면 아이—자기는 고립되어 망각 속으로 사라지고 만다. 그럴 경우 아이—자기를 의식하지 못하거나 우리 자신이 산산조각 난다. 완전해지지 못한 느낌이 든다. 자가 격리된 느낌과도 비슷하다. 게다가 자존감에 상처를 입는다.

인정도, 이해도 받지 못하거나 거부당하고 버림받은 아이—자기는 존재의 즐거움뿐만 아니라 발전을 가로막는 '말썽꾼'으로 변할 수 있다. 또한 종종 유치하고 해로운 행동을 하거나 부적절한 의존성에 사로잡히고, 자기애에 빠지거나 이 세상을 '성인'에게만 속한 곳으로 취급하는 외적인 표현으로 드러나기도 한다.

반면 인정하고 수용하고 포용해서 통합한 아이—자기는 자발성과 유희성, 상상력이라는 잠재력을 발휘해 삶을 풍요롭게 만들어주는 중요한 자원이 될 수 있다.

아이—자기를 친구로 삼아 통합할 수 있다면 아이—자기는 나머지 자기와 조화로운 관계를 유지한다. 하지만 그 전에 먼저 자기 내면 세계에 자리한 독립체인 아이—자기와 접촉해야 한다. 나는 내담자나 학생에게 아이—자기를 소개할 때 종종 시골길을 걷고 있는 상황을 상상해 보라고 한다.

저 멀리 떨어진 나무 옆에는 한 아이가 앉아 있다. 좀 더 가까이 다가가 보니 그 아이는 바로 자신이었다. 상상이 여기에 이르렀을 때 나는 나무 옆에 앉아 그 아이와 대화를 나눠보라고 했다. 큰 소리로 말해서 현실성을 높이라고 했다. 이들은 서로 무슨 이야기를 나누고 싶어 할까? 무슨 이야기를 나눠야 할까? 내담자들은 눈물을 흘리는 경우가 잦다. 가끔은 기쁨을 표현하기도 한다. 하지만 거의 언제나 빠지지 않는 것은 깨달음이다. 아이—자기가 여전히 자신의 정신(마음 상태mind state)에 존재하며 어른의 삶에 영향을 미친다는 사실을 깨닫는 것이다. 바로 이러한 깨달음에서 더욱 풍요롭고 온전한 자기가 생겨난다. 더러는 자신이 성장하려면 그 아이를 제거해야 한다고 잘못 생각했다는 슬픈 사실을 깨닫기도 한다.

문장완성법으로
아이-자기 껴안기

∨∧∧∨

내담자에게 아이-자기 통합 방법을 가르칠 때는 종종 혼자서 쉽게 할 수 있는 간단한 훈련법을 제시한다.(다음 지시사항을 읽어줄 친구가 있다면 훨씬 좋다. 아니면 다음 지시사항을 녹음해서 재생해 들을 수도 있다. 또는 다음 지시사항을 숙지할 때까지 계속 읽고 나서 실행해 본다.)

먼저 어렸을 때 자기 사진을 몇 분 동안 들여다본다.(사진이 있으면 이렇게 하고 없으면 다음 단계로 넘어간다.) 다음에는 눈을 감고 몇 차례 깊이 느긋하게 호흡한다. 자기 내면으로 들어가서 이렇게 자문해 본다. 다섯 살 아이로 돌아간 기분이 어땠나? 그때 몸 상태가 어떠했던 것 같은가? 슬퍼한다는 건 어떤 느낌이었나? 흥분한다는 건 어떤 느낌이었나? 집에서 생활할 때 느낌은 어땠나? 어떤 자세로 앉아 있었나? 다섯 살의 자기가 앉아 있는 모습을 상상해 본다. 이때 느끼는 감정에 정신을 집중한다. 이 경험을 유지한다.

2주에서 3주 동안 매일 이 훈련만 해도 아이-자기의 의식이 향상되고, 현재보다 훨씬 높은 수준의 통합을 이룰 수 있다. 아이-자기를 눈에 보이는 존재로 끌어내 진심으로 대하는 첫 단계를 통과했기 때문이다.

하지만 아이-자기의 의식을 깨우고 통합을 촉진하는 가장 강력하고 훨씬 더 나은 도구는 문장완성 연습이다. 앞서 이야기했듯 이 공책 지면 맨 위쪽에 아래의 불완전한 문장을 적고 나서 문장 뒷절을 여섯 개에서 열 개까지 적는다. 이때 최대한 빠르게 자신을 비난하지 않고 문장 뒷절을 채워 넣는다. 문장을 쉽게 완성할 수 있는 앞절을 골라 먼저 연습을 해도 좋다.

- 내가 다섯 살 아이였을 때…….
- 내가 열 살 아이였을 때…….
- 어렸을 때 세상이 어때 보였는지 떠올려보면…….
- 어렸을 때 내 몸이 어떻게 느껴졌는지 떠올려보면…….
- 친구들과 함께 있을 때 기분은…….
- 외롭다고 느낀 순간은…….
- 흥분했다고 느낀 순간은…….
- 어렸을 때 인생이 어때 보였는지 떠올려보면…….
- 내 안의 아이가 말을 할 수 있다면 그 아이가 할지도 모르는 말은…….
- 살아남기 위해 아이로서 해야 했던 일은…….
- 내가 내 아이─자기를 다루는 방법 중에서 엄마가 했던 것과 같은 방법은…….
- 내가 내 아이─자기를 다루는 방법 중에서 아빠가 했던 것과 같은 방법은…….

▦ 내 안의 아이가 나한테 무시당한다고 느끼는 순간은······.

▦ 내 안의 아이가 나한테 비난받는다고 느끼는 순간은······.

▦ 내가 아이―자기가 되어 행동하는 것 같은 순간은······.

▦ 아이가 나한테 인정받는다고 느낀다면······.

▦ 가끔 내 안의 아이를 온전히 받아들여서 힘든 점은······.

▦ 내 아이―자기를 용서한다면······.

▦ 아이가 내게 하는 이야기를 경청한다면······.

▦ 아이를 나의 귀중한 일부분으로 온전히 받아들인다면······.

나는 내담자들에게 한 달 동안 간헐적으로 이 연습을 몇 차례 해보라고 했다. 이때 예전에 완성한 문장을 살펴보지 말라고 했다. 내담자들이 문장을 새롭게 하나하나 완성할 때마다 더욱 깊이 파고들었다. 이들은 다른 훈련 없이 이 훈련만 해서 남다른 통찰력을 얻었고 통합에도 성공해서 자기치유가 가능해졌다. 자존감도 향상되었다.

여러분도 이 문장완성 연습을 해보고 무엇을 얻을 수 있는지 알아보길 바란다. 그 과정에서 이러한 훈련이 자기확신과 자기존중, 정체성 향상에 얼마나 큰 도움이 되는지 실감할 수 있을 것이다.

이제 앞서 소개한 문장 앞절보다 좀 더 심화된 문장 앞절을 소개하겠다. 다음 문장 앞절을 순서대로 기록해 본다. 나의 다섯 살―자기가 필요로 하지만 얻지 못한 것은⋯⋯. 나의 다섯 살―자기가 나에게 이야기를 하려고 하는 순간은⋯⋯. 수용과 측은지심으로 내 다섯 살―자기의 이야기를 경청하고자 한다면⋯⋯. 내가 나의 다섯 살―자기 곁에 있어 주지 않는다면⋯⋯. 나의 다섯 살―자기를 도와준다면⋯⋯. 그러고는 여섯 살, 일곱 살, 여덟 살, 아홉 살, 열 살, 열한 살, 열두 살 자기도 다섯 살―자기 대신 넣어서 문장완성 연습을 해본다. 그러면 자기치유의 기적을 경험할 수 있을 것이다.

이러한 문장완성 연습을 통해서 아이―자기를 심리적 실체로 확고하게 정립한 것 같은가? 그렇다면 마지막으로 통합을 촉진하는 간단하면서도 굉장히 강력한 훈련법을 하나 더 소개하겠다.

시각과 청각, 운동 감각을 동원해 (2장에서 찰스에서 해보라고 했던 것처럼) 자기 앞에 서 있는 아이―자기를 상상해 본다. 그러고는 말없이 아이를 두 팔로 안아주고 부드럽게 쓰다듬어주면서 그 아이와 관계를 맺는 상상을 해본다. 반응할지 안 할지는 그 아이에게 맡긴다. 부드럽고 단호한 태도를 유지한다. 두 손과 두 팔, 두 가슴으로 아이를 안아 수용과 연민, 존경을 전한다.

내담자 샬럿은 이 문장완성 연습이 어렵다고 했다. 자신의 아이―자기가 고통과 분노, 의심의 집합체라서 그렇다고 했다. "그 아이는 자꾸 달아나요. 절 믿지 않죠. 아니, 아무도 믿지 않아요."

나는 어린 샬럿이 겪은 일을 생각해 보면 그게 자연스러운 반응이라고 말했다. 그러고는 이렇게 덧붙였다. "제가 어린 여자아이를 데려와서 당신에게 이렇게 말했다고 생각해 보세요, '이 아이를 돌봐주면 좋겠어요. 이 아이는 나쁜 일을 겪어서 사람들을 전혀 믿지 못해요. 한번은 삼촌한테 성추행을 당할 뻔했는데 엄마한테 그 이야기를 하려고 했더니 엄마는 오히려 아이에게 화를 냈죠. 아이는 버림받고 배신당한 것만 같았어요. (샬럿도 여섯 살 때 이런 일을 당했다.) 이제 아이는 당신과 함께 새로운 집에서 새로운 삶을 살 겁니다. 당신은 아이가 당신을 믿고, 당신이 아이가 만났던 다른 어른들과 다르다는 사실을 깨달을 수 있게 도와줘야 해요.' 나중에는 당신이 아이와 이야기를 나눌 수 있고, 아이의 이야기를 들어줄 수 있어요. 아이가 어른의 도움을 받아야 이해할 수 있는 것들을 털어놓게 해주세요. 하지만 그 전에 먼저 아이를 안아주세요. 아이가 당신이 곁에 있어서 안전하다고 느낄 수 있게 해주세요. 할 수 있겠어요?"

"네, 할 수 있어요. 지금까지는 그 아이를 다른 모든 사람들처럼 다뤘어요. 아이가 존재하지 않고, 그곳에 없는 척했죠. 아이의 고통을 보는 게 두려웠거든요. 전 엄마와 비슷하게 아이를 비난했던 것 같아요." 샬럿이 진지하게 대답했다.

"그럼 눈을 감고 그 아이가 앞에 있다고 상상해 보세요. 그러고는 그 아이를 두 팔로 안아주고 아이가 보살핌받고 있다고 느끼게 해주세요. 그럼 당신 기분은 어떤가요? 당신이 아이에게 무슨 말을 해주고 싶어 할지 궁금하네요. 시간을 갖고 곰곰이 생각해 보세요."

나중에 샬럿은 이렇게 말했다. "한때 저 자신이었던 아이를 부인하면서 어른이 되려고 오랜 세월 애썼어요. 전 너무 수치스럽고 화가 났고 마음이 아팠어요. 그런데 그 아이를 두 팔로 안고 저의 일부로 받아들였을 때는 생애 처음으로 진짜 어른이 된 것 같았어요."

이것이 아이─자기를 통합하고 자존감을 쌓아나가는 한 가지 방법이다.

문장완성법으로
십 대─자기 껴안기

∨∧∧∨

이번에는 십 대─자기를 살펴보겠다.

누구나 한때는 십 대였다. 지금보다 어린 자기를 인정하든 못하든 십 대 아이는 언제나 우리의 일부로 우리 안에 존재한다. 자신의 십 대─자기는 인정하고 받아들이고 친구로 삼으면 활력과 이상주의, 야망의 귀중한 자원이 되고, 삶의 무한한 가능성을 보여준다. 반면 십 대―자기를 비난하고 무시하고 부인하거나 부정하면 자기파괴를 일삼는 행동을 많이 하게 된다. 예컨대 좋지 않은 때에 좋지 않은 방법으로 상사에게 말대답하거나 십 대 시절의 두렵고 불확실한 마음으로 이성을 바라본다. 십 대 시절의 부족한 판단력에 따라 행동하거나 나이 든 사람을 무조건 억압적이고 권위적인 부모로 보고 반항심을 품는다.

무엇보다 전체 자기가 십 대―자기를 소외시킨다면 내면에 틈이 생기고 정체성이 분리되어 자존감이 크게 상한다. 또다시 자신의 일부가 다른 일부와 전쟁을 벌인다.

한 중년의 의사는 이렇게 말했다. "사춘기 시절에 여자애들 앞에서 얼마나 어색하게 행동하며 부끄럼을 탔는지 떠올려보면 진짜 쑥스러워요. 그런 일을 누가 생각하고 싶겠습니까? 그 불쌍한 등장인물이 나와 무슨 상관이 있겠어요?"

결국 이 의사의 십 대―자기는 자신을 등장인물로 인식하지 않는 누군가를 기다려야 했다. 그런데 이 사람은 자신의 십 대―자기를 구할 수 있지만 그와 연관되는 불명예를 안기 싫어한다. 뿐만 아니라 희미하게 자신을 괴롭히는 외로움이 상상도 하지 못한 원천에서 튀어나와 예기치 못한 때에 자신을 강타하는 설명하기 힘든 순간을 생각하지 않으려고 한다.

아내이자 엄마인 마흔한 살의 내담자는 이렇게 말했다. "열여덟 살이 됐을 때도 여전히 가족이 절 돌봐주기를 바랐어요. 하지만 내 안의 다른 일부는 자립해서 자유롭게 사는 꿈을 꿨죠. 사실 전 그렇게 독립적인 사람이 아니었어요. 배짱이 없는 것 같아요. 한번은 '자립해서 사는 게 뭐 대수인가요?' 하며 반항적으로 굴다가 곧바로 다시 둥지 안으로 기어들어 갔어요. 돌이켜 보면 제가 참 나약했던 것 같아요. 우물쭈물하는 걸 참고 봐주지도 못해요. 전 제 안의 십 대 아이와 관계를 맺지 못했죠. 그래서 십 대에 들어선 제 딸아이들한테도 자주 짜증을 내는 걸까요? 제 아이들과 관계를 맺기가 힘들어요."

그녀의 십 대―자기와 십 대 딸들은 누구보다 자신을 이해하고 지지해 주기를 바라는 사람한테서 그 무엇도 얻지 못했다. 어른인 그녀는 시간이 흘러도 치유되지 않은 채 마음을 어지럽히는 아득한 고통을 외면하려고 애써 바쁘게 움직인다.

마흔여덟 살의 한 정비공은 이렇게 말했다. "학창 시절에 얼마나 외로웠는지 생각도 하기 싫어요. 그때는 사람들과 잘 어울리지 못했어요. 하지만 누군가와 이야기하고 싶어서 미칠 지경이었죠! 전 너무 진지했어요. 아, 진짜 끔찍했죠. 왜 선생님 같은 심리학자들은 과거를 끄집어내기 좋아하는 거죠? 십 대 시절의 전 머저리였어요."

이 정비공의 십 대―자기는 불변의 고독형을 선고받았다. 어른인 정비공은 왜 자기 내면에 무엇으로도 채울 수 없는 혼란스러운 공허가 깃들어 있는지 의아해할 따름이다.

이번에는 사춘기 시절의 자기에게 측은지심도, 공감도 베풀지 않는 잔혹한 유형을 다시 한번 살펴보겠다. 예를 들자면 이렇다. 나는 십 대 시절 사교성이 부족했던 나를 용서할 수 없다. 누군가와 어울리며 이야기를 나누고 싶어 했던 고통스러운 갈망, 끔찍하게 혼란스러웠던 감정, 운동도 못하고 춤도 못 췄던 무능력, 꺽다리 같은 내 꼬락서니나 우중충한 얼굴색, 시끄럽고 야단스러운 태도, 성에 대한 혼란, 반항과 순종을 오락가락했던 태도, 수동적인 태도, 한바탕 저질렀던 비행, 성적 문란, 금욕주의, 노출 행위, 거들먹거림, 비겁함 등을 용서할 수 없다.

한때 자신이었던 아이를 거부할 수 있는 것처럼 십 대—자기도 거부할 수 있다. 그렇지만 십 대—자기는 여전히 우리 정신의 영구적인 요소로 남아 있다. 그러므로 이러한 하부자기를 공감력이 뛰어나고 자애로운 존재로 의식할지, 아니면 적대적인 존재로 의식할지는 자신이 선택할 수 있다. 십 대—자기를 받아들이고 포용해서 환영해 줄 것인가? 아니면 영원히 추방해 고독형을 선고할 것인가?

여기서는 앞서 소개했던 아이—자기와 접촉하는 방법을 사춘기에 적합하게 개조해서 소개하겠다.

가능하다면 십 대 시절의 자기 사진을 몇 분 동안 들여다본다.

그러고는 눈을 감고 몇 차례 느긋하게 심호흡한다. 내면으로 들어가 이런 질문을 던져본다. 십 대가 된 느낌이 어떠했나? 그때 몸 상태가 어떠했던 것 같은가? 자기 집에 사는 느낌은 어땠나? 어떤 자세로 앉아 있었나? 십 대 아이가 앉아 있는 모습을 상상해 본다. 이때 느끼는 감정에 정신을 집중한다. 이 경험을 유지한다. 그러면 자신이 누구인지에 관한 더욱 넓은 시각이 활짝 열릴 것이다. 이러한 경험을 수용하고 존중하며 환영하자.

이 간단한 훈련을 (아이—자기와 함께하는 훈련을 끝내고 난 후) 2주에서 3주 동안 매일 반복하면 크나큰 이득을 얻을 수 있다. 십 대—자기를 이해하고 존중하면 더욱 온전하게 통합되고 내면적으로 더욱 조화로워진 느낌이 든다.

다음에는 문장완성 연습을 통해 좀 더 깊이 파고들어 보자. 공책 한쪽 맨 위에 아래의 불완전한 문장을 하나씩 적고 나서 문장 뒷절을 여섯 개에서 열 개까지 적는다.

- 내가 십 대 아이였을 때……
- 내가 열여섯 살 아이였을 때……
- 내가 고등학교에 들어갔을 때 느낌은……
- 십 대 친구들과 함께 있었을 때 기분은……
- 이성과 함께 있었을 때 기분은……

▨ 십 대 아이가 되어 살아남기 위해 해야 했던 일은…….

▨ 십 대 아이가 되어 화가 났을 때 나는…….

▨ 십 대 아이가 되어 고통스러웠을 때 나는…….

▨ 십 대 아이가 되어 두려웠을 때 나는…….

▨ 십 대 아이가 되어 외로웠을 때 나는…….

▨ 내가 열여덟 살 아이가 됐을 때…….

▨ 내 안의 십 대 아이가 말을 할 수 있다면 그 아이가 할지도 모르는 말은…….

▨ 내 십 대—자기가 나한테 무시당한다고 느끼는 순간은…….

▨ 내 십 대—자기가 나한테 비난받는다고 느끼는 순간은…….

▨ 내 십 대—자기가 날 곤란하게 만드는 순간은…….

▨ 내가 자기 이야기를 들어주고 자기를 존중해 준다고 내 십 대—자기가 느꼈다면…….

▨ 가끔 내 안의 십 대 아이를 온전히 받아들여서 힘든 점은…….

▨ 내 십 대—자기를 용서한다면…….

▨ 내 십 대—자기의 욕구에 즉각적으로 반응한다면…….

▨ 내 십 대—자기가 내 인생에 기여하는 경우는…….

▨ 내 십 대—자기에게 감사하게 여기는 것은…….

치료 중에 이 훈련법을 사용하자 몇몇 내담자들은 화를 내면서 저항했다. 감정이 뒤범벅된 외롭고 혼란스러운 자신의 십 대—자기에게 아무것도 바라지 않았기 때문이다. 이들은 그러한 존재가 현재 자기 내면에 머물러 있고, 자기 자신인 그 존재를 비난하고 있다는 사실을 잊어버린다.

이 문제를 해결하는 방법이 바로 앞에서 소개한 문장완성 연습이다. 예를 들어 '내 십 대—자기가 나한테 비난받는다고 느끼는 순간은……' 다음에 나올 수 있는 문장 뒷절은 이렇다. '버릇없이 굴 때다. 앙심을 품을 때다. 나한테 어리석은 짓을 시킬 때다. 어리석게 반항할 때다. 날 혼란스럽게 만들 때다. 날 나잇값 못하는 사람으로 만들 때다. 날 무모한 사람으로 만들 때다. 날 무책임한 사람으로 만들 때다.' 이 밖에도 다양한 문장 뒷절이 나올 수 있다. 또한 '내가 내 십 대—자기를 용서한다면……'이나 '내가 내 십 대—자기의 욕구에 즉각적으로 반응한다면……'이라는 문장 다음에 나올 수 있는 문장 뒷절은 이렇다. '의심이 줄어들 것이다. 나와 싸우기보다는 나를 도우려고 할 것이다. 나의 일부가 됐다고 느낄 것이다. 내가 내 지식을 사용할 수 있게 해줄 것이다. 내가 멀리해야 하는 일에 날 끌어들이지 않을 것이다. 그렇게 반항적으로 굴지 않을 것이다.' 이 밖에도 다양한 문장 뒷절이 나올 수 있다.

이러한 문장 뒷절이 전하는 뜻은 명명백백하다. 자신과 싸우겠다고 선언하면 자신이 정복할 수 없는 적이 생긴다. 자신을 수용하고 존중하면 친구와 동맹이 생긴다.

아이—자기를 설명할 때 그랬던 것처럼 여기서도 좀 더 심화된 문장 앞절을 소개하겠다. 십 대—자기를 분석해 주는 심화된 문장 앞절은 이렇다. 내가 열세 살 아이가 됐을 때……. 나의 열세 살—자기가 필요로 하지만 얻지 못한 것은……. 나의 열세 살—자기가 나에게 이야기를 하려고 하는 순간은……. 내가 수용과 측은지심으로 내 열세 살—자기의 이야기를 경청하고자 한다면……. 내가 나의 열세 살—자기 곁에 있어 주지 않는다면……. 내가 나의 열세 살—자기를 도와준다면……. 그러고는 열아홉 살—자기까지 자신의 모든 '자기'를 대신 넣어서 문장완성 연습을 해본다. (야심 찬 사람이라면 그 이후의 자기까지 생각해 봐도 좋다.) 그러면 인생에서 그 어느 때보다 온전하고 통합된 느낌이 찾아들 것이다.

다음에는 아이—자기를 통합하는 또 다른 훈련법을 십 대—자기에 적용해 본다. 십 대—자기가 눈앞에 있다고 상상해 본다. 십 대—자기와 마주 보고 있는 느낌이 어떠한가? 애정과 신뢰가 깃든 몸짓으로 십 대—자기에게 두 팔을 뻗는다면 느낌이 어떨까? 말만이 아니라 두 손과 두 팔, 온몸으로 측은지심과 보살핌의 뜻을 전달하면서 십 대—자기를 포용한다면 무엇을 경험하게 될까? 실제로 실천해 보고 그 결과를 알아보자. 자신의 모든 감정을 주의 깊게 살핀다. 십 대—자기가 어떤 반응을 보이든 상관하지 않고 계속 연습한다. 십 대—자기를 치유하면 자신이 치유된다.

이러한 훈련법을 낯설어하는 독자가 많다는 사실은 잘 알고 있다. 방 안에 혼자 남아서 한때 자신이었던 사춘기 시절의 자기를 보살펴 주는 관계를 맺었는가? 이러한 관계가 오늘날 자신에 대해 느끼는 감정과 무슨 상관이 있는가? 이 훈련을 한 번 하고 마는 게 아니라 몇 번 반복하면 답을 찾을 수 있다.

이 훈련은 2~3분밖에 걸리지 않는다. 하지만 한 달이나 두 달 동안 매일 계속하면 자신이 달라지는 경험을 할 것이다. 무의식적으로 몇 년 동안 줄곧 치렀던 전쟁이 끝날 것이다. 이 훈련을 하면서 일기를 쓰고, 며칠마다 한 번씩 '내가 느끼기 시작하는 것은……'의 문장 뒷절을 대여섯 개씩 쓴다면 자신이 얼마나 나아지고 있는지가 좀 더 확연하게 느껴질 것이다.

문장완성과 함께 이 훈련을 하겠다고 다짐하기만 해도 자존감이 향상된다. 그러한 마음가짐은 자신이 이러한 노력을 할 만한 가치가 있는 사람이라고 생각한다는 뜻이기 때문이다.

하루 15분, 자존감을 키우는 문장완성 연습
나였던 그 아이 껴안기

다음의 문장 앞절을 보고 너무 오래 생각하지 않은 채 최대한 빠르게 여섯 개에서 열 개까지 문장의 뒷절을 완성해 본다. 이때 문장 뒷절이 사실과 다르거나 다른 문장 뒷절과 상충할까 봐 걱정할 필요는 없다. 문장완성 연습을 한다고 생각하고 가벼운 마음으로 기록해 본다.

◇ 한때 나 자신이었던 사람을 부인한다면……

_____

_____

_____

_____

_____

_____

_____

◇ 내 아이―자기를 포용하는 법을 배운다면……

_____

_____

_____

◇ 내 십 대―자기를 포용하는 법을 배운다면……

◇ 나였던 아이와 마주하며 내가 깨닫기 시작한 것은……

7장

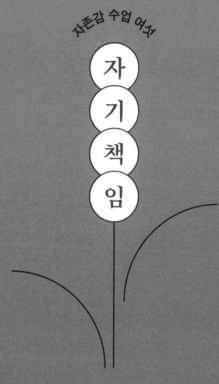

자존감 수업 여섯

자
기
책
임

높은 자존감의
필수 요소

남녀 구분할 것 없이 자존감이 높은 사람은 수동적이 아니라 능동적인 성향으로 삶에 임한다. 자신의 소망을 이룰 책임을 온전히 자신에게 돌린다. 다른 사람이 자신의 꿈을 이뤄주기를 기다리지 않는다.

문제가 발생하면 이렇게 자문한다. "내가 뭘 할 수 있을까? 어떤 행동을 할 수 있을까?" 이들은 "누군가는 뭔가를 해야 해!" 하고 외친다. 그러다 뭔가가 잘못되면 이렇게 자문한다. "내가 뭘 놓쳤지? 내가 어디서 잘못 계산한 걸까?" 이들은 비난 잔치에 몸을 내던지지 않는다.

간단히 말해서 자기 존재를 책임지며 살아간다.

상호인과성 원칙(높은 자존감을 부르는 행동은 높은 자존감의 표현이 되기도 한다는 원칙)에 따라서 자기 존재를 책임지는 사람은 건강한 자존감을 키워나가는 경향이 있다. 수동적 성향이 능동적 성향으로 바뀌면 자신을 더욱 좋아하고 신뢰하게 되고, 삶을 더욱 잘 살아갈 수 있고 행복해질 자격이 있다고 느낀다.

내담자를 치료하다 보면 내담자가 아무도 자신을 구하러 오지 않는다는 사실을 깨닫고 나서 급격하게 달라지는 경우를 종종 목격한다. '아무도 오지 않는다'는 내 모든 치료 작업의 변치 않는 주제다. 이렇게 말하는 내담자가 한둘이 아니었다. "아무도 오지 않는다는 걸 깨닫고 마침내 제 인생을 온전하게 책임지겠다고 마음먹자 제가 성장하기 시작했어요. 자존감도 상승하기 시작했죠."

자기책임은 다음과 같은 깨달음을 수반한다.

- 나는 내가 한 선택과 행동에 책임진다.
- 내 시간을 어떻게 쓸지는 내가 책임지고 정한다.
- 내 일에 어느 수준까지 의식을 쏟아부을지는 내가 책임질 일이다.
- 내 몸을 잘 보살필지 말지는 내가 책임질 일이다.
- 내가 어떤 관계를 맺거나 유지할지는 내가 책임질 일이다.
- 내가 다른 사람들, 즉 배우자와 아이들, 부모, 친구, 동료, 상사, 부하직원, 백화점 판매원을 어떻게 대할지는 내가 책임질 일이다.
- 내 존재에 어떤 의미를 부여할지는 내가 책임질 일이다.
- 내 행복은 내가 책임진다.
- 내 인생은 물질적으로나 감정적으로, 지적으로나 영적으로 내가 책임진다.

이러한 맥락에서 '책임진다'는 말은 도덕적 비난이나 죄책감을 받아들이는 수용자로서 책임진다는 뜻이 아니다. 자기 인생과 행동에 주요한 영향을 미치는 사람으로서 내 삶을 책임진다는 뜻이다.

자기책임을 다하는 삶을 살기 위해서는 먼저 스스로에게 질문하는 법을 배워야 한다.

예를 들어 "내가 왜, 어쩌다가 이렇게 수동적인 사람이 된 걸까?" "난 왜 이렇게 수동적이지?"라고 한탄하지 않는다. 어디에도 마음을 쓸 수 없다고 주장하기보다는 왜, 어쩌다가 무엇에도 강한 감정을 느낄 수 없게 됐는지 탐색하는 법을 배운다. 이러한 맥락에서 '왜'는 '목적이 뭐지?'라는 뜻이다.

내담자는 "뒷덜미가 왜 이리 지독하게 뭉치고 아픈 걸까?"라고 묻지 않고 이렇게 말하는 법을 배운다. "대체 무슨 감정을 피하려고 애쓰기에 이렇게 목 근육이 뭉치는 걸까?" 또한 사람들이 자신을 자주 이용하려 한다고 불평하지 않고 이렇게 자문한다. "나는 왜 사람들이 날 이용하도록 부추기는 걸까?" "아무도 날 이해하지 못해요." 하고 불평하지 않고 "내가 어쩌다가 사람들이 이해하기 어려운 사람이 됐을까?" 하고 묻는다. "왜 여자들은 항상 날 외면할까?"라고 불평하지 않고 "내가 어떻게 했기에 여자들에게 외면받는 걸까?"라고 자문한다. "난 뭘 해도 항상 실패해"라고 한탄하지 않고 이렇게 생각한다. "내가 어쩌다가 뭘 해도 항상 실패하게 된 걸까?"

책임지는 삶은
인정하는 데서 시작한다

〉〈〉〈〉〈

책임지는 삶을 산다고 사고나 다른 사람의 잘못으로 고통받는 일이 절대 없는 건 아니다. 자신에게 일어날지도 모르는 모든 일에 책임져야 하는 것도 아니다. 인간은 전능한 존재가 아니다. '내 존재의 모든 측면과 나한테 일어나는 모든 일을 책임진다'는 거창한 주장을 지지하지도 않는다.

자신이 통제할 수 있는 일이 있는가 하면 통제할 수 없는 일도 있다. 자신이 통제할 수 없는 문제를 책임진다면 자신의 기대에 부응하지 못할 게 분명하므로 자존감이 위험에 처한다. 자신이 통제할 수 있는 문제를 책임지지 않아도 자존감이 약해질 수 있다. 그러므로 자신이 좌우할 수 있는 일과 그렇지 않은 일을 구분할 줄 알아야 한다. 또한 다른 사람의 행동처럼 자신이 통제하지 못하는 일에 대처하는 자신의 태도와 행동도 책임질 줄 알아야 한다.

자기책임은 합리적으로 생각해 봤을 때 높은 자존감에 필수적인 요소다. 자기책임을 회피하면 자기 인생에 피해가 간다. 자신이 무기력해진다. 자신을 제외한 다른 모든 사람이 힘을 얻는다. 좌절감에 사로잡히면 비난할 사람을 찾기 마련이다. 자신의 불행을 남 탓으로 돌린다. 이와는 대조적으로 자기책임을 인정하면 더없이 즐겁고 힘이 솟아나는 경험을 할 수 있다. 뿐만 아니라 자신의 인생을 자기 손에 다시 쥘 수 있다.

문장완성 연습을 해보면 자기책임 문제가 빠르고 명확하게 드러난다.

중년의 부동산 중개인은 이렇게 말했다. "내 불행을 아내 탓으로 돌리지 않는다면 나 자신의 수동성을 직시해야 해. 내가 인생 대부분을 슬픔에 파묻혀 지냈다는 사실을 인정해야 해. 아무도 나한테 아내와 같이 살라고 강요하지 않았다는 사실을 인정해야 해. 누군가 비난할 사람이 필요했다는 걸 인정해야 해. 아내를 통제하려는 짓을 그만둬야 해. 나한테 있는 선택권을 살펴봐야 해. 그냥 괴로워하기보다는 다른 뭔가를 해야 해."

과식을 일삼고 술도 많이 마시는 한 젊은 여성은 이렇게 말했다. "내 몸 상태는 내가 책임진다는 사실을 받아들인다면 나 자신을 안쓰럽게 생각하지 말아야 해. 모든 것을 부모 탓으로 돌리지 말아야 해. 운동을 시작해야 할지도 몰라. 지금처럼 내 몸을 계속 괴롭힐 수 없을 거야. 나 자신을 더욱 좋아할 거야. 몸 상태가 좋아질 거야. 자기연민에 빠지지 않을 거야. 꾸물대지 않고 뭔가를 할 거야."

가족에게 시도 때도 없이 감정적으로 버럭 하는 아내이자 엄마는 이렇게 말했다. "내 감정에 책임진다면 내가 좌절감에 빠져 아이처럼 변한다는 사실을 주시해야 해. 내가 왜 불행한지 직시해야 해. 내가 불안감을 감추려고 화내는 경우가 많다는 사실을 알아야 해. 남편에게 나의 두려움을 좀 더 솔직하게 드러낼 수 있을지도 몰라. 내 감정을 앞세워 아이들을 괴롭히지 않을 거야. 내가 종종 감정을 무기로 휘두르며 내가 원하는 일을 가족들에게 시킨다는 사실을 인정해야 해. 다른 사람에게도 감정이 있다는 사실을 받아들여야 해. 말하기 전에 생각할 거야. 나 자신을 희생자로 보지 않을 거야."

8개월 이상 일해본 적이 없는 30대 남성은 이렇게 말했다. "내가 한 모든 일이 쓸데없는 낭비였다는 사실을 인정해야 해. 뭔가에 진심으로 헌신하는 게 얼마나 두려운지 인정해야 해. 다른 사람의 성공을 그토록 시기하지 않을 거야. 체계를 계속 비난하지 않을 거야. 한 방향을 정해 자리 잡고 유지할 거야. 변명을 둘러대는 일을 그만둘 거야. 내가 달라지지 않으면 아무것도 달라지지 않는다는 사실을 인정할 거야."

자신이나 가족의 욕구를 제외한 모든 사람의 욕구에 민감하게 반응하는 정신과 의사는 이렇게 말했다. "내가 내 인생을 온전하게 책임진다면 너무 바빠서 행복해지지 못한다는 말을 그만할 거야. 환자들에게 친절하고 동정심이 많은 의사라는 인상을 남기려고 애쓰지 않을 거야. 순교자처럼 굴지 않을 거야. 아내가 나한테 무한한 아량을 베풀어야 한다고 주장하지 않을 거야. 다른 사람을 어디까지 책임져야 하는지 알게 될 거야. 나 자신과 아내, 아이들에게 더욱 친절해질 거야. 자기희생이 책임 회피라는 사실을 인정할 거야. 환자들에게 가르쳐주었던 것을 내가 실천하기 시작할 거야. 다른 사람을 위해 살 수 없고, 할 수 있어도 그래서는 안 된다는 사실을 인정할 거야. 내가 인생에서 진정으로 무엇을 원하는지 생각해야 할 거야."

이 책에서 소개하는 문장완성 연습을 아직 해보지 않았다면 사람들이 자기책임을 회피해서 얻는 보상을 얼마나 솔직하게 인정하는지 보고 깜짝 놀랄지도 모르겠다. 하지만 자존감을 진정으로 높이고 싶다면 먼저 아래 문장을 완성해 보기를 바란다.

- 가끔 일이 잘 풀리지 않을 때 나 자신을 무기력하게 만드는 방법은…….
- 나 자신을 무기력하게 만들어서 좋은 점은…….
- 가끔 책임을 회피하려고 비난하는 것은…….
- 가끔 나 자신을 수동적으로 만드는 방법은…….

- 가끔 내가 자기비난을 하는 이유는…….
- 내가 좀 더 책임감 있게 일한다면…….
- 내가 인간관계를 맺는 일에 좀 더 책임감 있게 임한다면…….
- 내가 하는 모든 말에 책임진다면…….
- 내 감정에 책임진다면…….
- 매 순간 내 행동에 책임진다면…….
- 내 행복에 책임진다면…….
- 내 삶의 유일한 의미가 자발적으로 창조하는 것이라면…….
- 나 자신의 힘을 온전히 경험하고자 한다면…….
- 내가 보는 것을 보고 내가 아는 것을 알고자 한다면…….
- 지금 분명한 사실은…….

이쯤 되면 자신의 인생에서 다른 영역에 비해 더욱 열정적으로 책임을 다하는 영역이 드러난다. 예컨대 직장에서는 매우 적극적으로 책임감 있게 일하는 한편, 가족과 함께 생활하는 집에서는 수동적으로 행동할 수 있다. 자기 건강 문제는 책임지면서 돈 문제는 책임지지 않을 수 있다. 자신의 지적 성장은 적극적으로 추구하면서 감정적 문제에 있어서는 회피하거나 수동적으로 행동할 수 있다.

그렇다면 다음 영역에서는 어떠한지 한번 생각해 보자.

- 건강
- 감정
- 연인이나 배우자 선택
- 친구 선택
- 재정적 행복
- 일에 투자하는 의식과 책임감 수준
- 인간관계에 투자하는 의식과 책임감 수준
- 사람을 대하는 일반적인 방식
- 지적 성장
- 성격
- 행복과 자존감

이제 1에서 10까지 점수를 매겨본다. 10은 자기책임이 최고인 점수를 뜻하고, 1은 자기책임이 최저인 점수다. 앞서 소개한 각 영역별로 자기책임 점수를 숫자로 기록해 본다. 그러면 자기책임 점수를 높여야 하는 영역이 드러난다.

행동하라,
아주 구체적으로

﹀╱﹀╱

자기책임 점수가 낮은 영역을 한두 개 생각해 보면 이런 불만이 새어 나올지도 모른다. "하지만 어떻게 해야 할지 모르겠어. 좀 더 책임지는 방법을 모르겠다고."

내가 치료를 시작한 초창기에는 그렇게 불만을 토해내는 내담자에게 자기 인생에 더욱 적극적으로 참여하는 방법을 몸소 보여주고 말해주었다. 하지만 경험을 쌓으면서 그러한 방법이 잘못됐다는 사실을 깨달았다. 오늘날에는 문장완성 연습 방법을 아는 내담자에게 '내가 무엇무엇(이에 해당하는 말 넣기)에 좀 더 책임을 다하는 방법은……'이라는 문장을 최대한 빠르게 완성해 보라고 한다. 그러면 내담자는 자신이 얼마나 아는 것이 많은지 깨닫기 시작한다.

실제로 각계각층의 많은 사람이 이 문장완성 연습을 하면서 놀랄 정도로 통찰력 있는 문장을 완성했다는 이야기를 들었다. 나는 무지와 무기력을 호소하는 발언을 곧이곧대로 듣지 않고 그 진위를 의심하며 경청하는 법을 배웠다. 여러분도 이런 불만을 품고 있다면 위의 문장을 완성해 보길 바란다.

가끔은 다른 사람의 도움을 받아서 몇몇 행동을 좀 더 의식하게 될 수도 있다. 하지만 자신이 할 수 있는 행동 몇 가지는 언제나 있기 마련이다. 이런 행동부터 시작해 보자.

자기 존재를 책임진다는 말은 생산적으로 살아야 한다는 사실을 인정한다는 뜻이다. 삶에 능동적으로 임하는 자세를 보여주는 기본적이고 중요한 개념이기도 하다. 여기서 중요한 것은 생산 능력이 얼마나 뛰어난지가 아니다. 무엇이든 가지고 있는 능력을 발휘하겠다는 선택이 중요하다. 생산하는 일은 최고의 인간 활동이다. 동물은 물리적 환경에 적응해야 한다. 반면 인간은 물리적 환경을 자신에게 맞춰 바꾼다. 또한 자신의 행동과 평생의 목적을 일치시켜서 자신의 삶에 정신적이고 실존적인 통일성을 부여할 수 있다.

자존감은 인간의 삶에 해롭지 않은 일 중에서 어떤 일을 선택하느냐에 따라서 높아지거나 낮아지는 게 아니다. 자존감을 좌우하는 것은 자신의 정신과 가치를 더없이 신중하게 한껏 발휘하며 일을 하는가이다. 그리고 생산적으로 사는 삶은 자신이 가진 능력을 발휘하며 인간이라 누릴 수 있는 고유의 즐거움과 보상을 만끽하는 것이다.

책임지는(건강한 자존감을 키우는) 삶은 적극적으로 사는 삶과 밀접하게 연관되어 있다. 행동을 취해 자기책임을 다하고 표현하는 삶이기도 하다. 어떤 행동을 취하면 목표에 더욱 가까이 접근할 수 있을까? 경력을 높이고, 연애생활을 개선하고, 타인에게 더 나은 대우를 받고, 수입을 늘리고, 더욱 행복해지고, 지적 성장이나 영적 성장을 꾀하려면 어떤 행동을 취해야 할까?

자존감을 높이고 싶다면 행동을 취해야 하듯이 지금보다 더욱더 책임지는 삶을 살고 싶다면 아주 구체적인 행동을 취해야 한다. 예를 들어 "더욱 양심적인 사람이 돼야 해"라는 혼잣말로는 부족하다. 더욱 양심적인 사람은 무엇을 할지 생각해 봐야 한다. "가족을 대하는 태도를 개선해야겠어"라고 말만 해서는 안 된다. 구체적으로 어떻게 행동해야 자신의 태도가 개선될지 생각해 봐야 한다.

태도는 정신적이거나 물리적일 수 있다. 하지만 생각은 행동이다. 과제 수행에 집중하는 일도 행동이다. 목록 만들기도 행동이다. 다른 사람에게 이야기하는 일도 행동이다. 얼굴을 어루만지고, 말로 감사를 전하고, 편지를 쓰고, 실수를 인정하고, 보고서를 준비하고, 결산하거나 입사 지원서를 내는 일도 행동이다. 행동을 취할 때는 항상 짚고 넘어가야 하는 질문이 있다. 상황에 적절한 행동인가? 이렇게 자문해야 자기책임을 다한다고 볼 수 있다.

그러므로 인생의 몇몇 측면에서 자기책임을 더욱 잘 실천하고 싶다면 이렇게 자문해 봐야 한다. 여기서 내가 할 수 있는 행동은 무엇인가? 무엇을 선택할 수 있는가? 기적을 기대하거나 누군가가 뭔가를 해주기를 기다리지 않는다면 내가 할 수 있는 일은 무엇인가? 아무것도 하지 않고 현 상황을 받아들이기로 한다면 그 결정에 책임질 것인가?

여기서 명심해야 할 점이 있다. 자기 인생의 다른 영역에 비해서 자기책임을 더욱 높인 영역이 있는가? 그렇다면 그 영역에서는 자신이 좋아질 것이다. 반면 책임을 회피하는 영역에서는 자신이 싫어진다.

진짜 그러한지는 문장완성 연습을 통해 확인해 보자. 여기서 완성해 볼 문장은 이러하다.

- 자기책임을 가장 높여서 최선을 다하는 순간은……
- 자기책임을 가장 회피하는 순간은……
- 자기책임을 다할 때 기분은……
- 자기책임을 회피할 때 기분은……
- 지금 내가 쓰고 있는 내용이 사실이라면……
- 내가 의식하는 것은……

이후 일주일 동안 다시 한번 곰곰이 생각해 보자. 자기책임을 더욱 높여서 실천한다면 무엇이 달라질까? 공책에 이 질문의 답을 적어보자.

그러고는 기록한 내용을 실천해 보자. 평생 그렇게 하겠다고 다짐하는 게 아니라 일주일 동안만 실험적으로 해본다. 그 후에 자기감이 달라지는지 알아본다.

　이 실험 결과가 마음에 든다면 일주일 더 실험해 본다. 다음에 또 일주일 연장한다.

하루 15분, 자존감을 키우는 문장완성 연습
자기책임

다음의 문장 앞절을 보고 너무 오래 생각하지 않은 채 최대한 빠르게 여섯 개에서 열 개까지 문장의 뒷절을 완성해 본다. 이때 문장 뒷절이 사실과 다르거나 다른 문장 뒷절과 상충할까 봐 걱정할 필요는 없다. 문장완성 연습을 한다고 생각하고 가벼운 마음으로 기록해 본다.

◇ 자기책임을 가장 높여서 최선을 다하는 순간은……

_____

_____

_____

_____

_____

_____

◇ 자기책임을 가장 회피하는 순간은……

_____

_____

_____

◇ 내 행동을 온전히 책임진다면……

◇ 내 행복은 오직 나만이 성취할 수 있는 것이라는 사실을 받
아들인다면……

8장

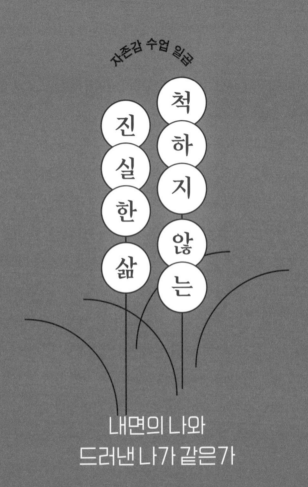

자존감 수업 일곱

진실한 삶

척하지 않는

내면의 나와
드러낸 나가 같은가

거짓을 말할 때가 아니라 거짓되게 살 때 자존감이 가장 크게 상한다.

자기 경험의 실상이나 자기 존재의 진실을 제대로 보지 못할 때 거짓된 삶을 살게 된다.

사랑을 느끼지도 못하면서 사랑하는 척하는 삶, 관심 있으면서도 관심 없는 척하는 삶, 자신을 실제보다 더 낫게 포장하는 삶, 자신을 실제보다 더 못하게 깎아내리는 삶, 두려워하면서도 화가 났다고 말하는 삶, 남을 조종하려 들면서 무기력한 척하는 삶, 사는 게 흥분되면서도 그 마음을 부인하고 감추는 삶, 내 의식을 부인하고 아무것도 보지 못하는 척하는 삶, 아는 게 없으면서 박식한 척하는 삶, 울어야 할 때 웃는 삶, 싫어하는 사람들과 어울리며 쓸데없이 시간을 낭비하는 삶, 소중하게 생각하거나 간직하지도 않는 가치를 구현하는 척하는 삶, 인정받을 만한 신념을 가진 척하는 삶, 겸손한 척하는 삶, 이런 삶이 거짓된 삶이다.

내면의 자기와 세상에 드러낸 자기가 일치하는 일치성이 있어야 자존감이 높아진다.

자신의 실체를 속이는 사람은 (자신뿐만 아니라) 타인의 의식도 속이려고 한다. 아무도 자신의 실체를 받아들이지 못한다고 믿거나 그럴 것 같다고 생각하기 때문이다. 또한 다른 누군가의 정신에 깃든 망상을 진실에 관한 자신의 지식보다 높이 평가한다. 그 바람에 사기꾼이 됐다는 괴로운 마음을 안고 평생을 살아가는 처벌을 받는다. 무엇보다 언제 자신의 정체가 드러날지 몰라 안절부절못하는 불안을 스스로 초래한다.

이런 사람은 처음에는 자신을 거부한다. 이것이 바로 거짓되게 사는 삶이요, 자신이 누구인지에 관한 진실을 감추는 삶이다. 그러다가 타인에게 거부당했다고 느낀다. 아니면 그러한 거부의 징조를 찾아다니다가 으레 그렇듯 신속하게 찾아낸다. 결국은 자신과 다른 사람 사이에 문제가 있다고 생각한다. 다른 사람에게 당할까 봐 가장 두려워하는 일을 이미 자신에게 저질렀다는 사실은 깨닫지 못한다.

정직성은 현실과 비현실의 차이를 존중하고, 현실을 속여서 가치를 추구하려고 하지 않는 것이다. 다시 말해 진실이 아닌데도 진실인 척해서 자기 목적을 달성하려고 하지 않는 것이다. 진실하지 않은 삶을 살려고 하면 언제나 자신이 첫 번째 희생자가 된다. 기만의 화살은 결국 자신에게 돌아가기 때문이다.

'죽은 척하기'가
자존감을 갉아먹는다

$\diagdown\diagup\diagdown\diagup$

일상생활에서 흔히 하는 거짓말은 분명 자존감에 해가 된다. 예컨대 이런 거짓말이 있다. "아뇨, 전 딸기 쇼트케이크 세 번째 조각을 먹지 않았어요." "아뇨, 전 누구누구랑 자지 않았어요." "아뇨, 전 그 돈을 받지 않았어요." "아뇨, 전 시험 성적을 속이지 않았어요." 이런 거짓말은 언제나 진실이 수치스럽거나 그보다 더 끔찍하다는 뜻을 내포하고 있다. 이것이 바로 거짓말을 할 때 자신에게 전하는 메시지다. 하지만 이 메시지의 부정직성은 누가 봐도 명확하게 드러난다.

여기서는 이보다 훨씬 심오한 수준의 부정직성, 자신의 생존과 매우 밀접하게 관련되어 있어서(있는 것 같아서) 버리기가 더더욱 어려운 부정직성에 대해 한번 생각해 봐야 한다.

오해의 소지를 없애기 위해 말해두는데 진실하게 산다고 해서 강박적으로 진실을 말해야 하는 것은 아니다. 모든 생각과 감정, 혹은 행동을 상황이나 적절성, 혹은 관련성을 고려하지 않고 무조건 털어놓아야 하는 것도 아니다.

사적인 진실을 무차별적으로 되는대로 다 자진해서 이야기할 필요도 없다. 누가 묻지도 않았는데 남의 외모를 평가하거나 설령 누가 물어봤다 해도 반드시 철저한 비판을 제시해야 하는 것도 아니다. 숨겨놓은 보석에 관한 정보를 자진해서 도둑에게 알려줘야 하는 것도 아니다.

사람들은 대부분 이 세상에 태어난 그날부터 진실하게 사는 삶이 무엇인지 확신하지 못해 혼란스러워한다. 진실성을 평가하기가 극히 어려운 교육을 받고 성장했기 때문이다. 대부분의 사람들이 아주 어렸을 때부터 자신의 감정을 부인하고 가면을 쓰는 법을 배웠기 때문에 궁극적으로는 내면에 깃든 자기의 많은 측면과 연이 끊어졌다. 주변 세상에 적응하는 일에 정신이 팔려 내면 자기의 많은 부분을 의식하지 못하게 되었다.

기성세대들은 두려움과 분노, 고통을 부인하라고 부추겼다. 그런 감정을 품고 있으면 마음이 불편해진다는 게 이유였다. 자신의 감정을 부인하며 살아온 이들은 종종 가족 간의 조화라는 위장이 깨져 산산조각이 날 때 어떻게 대처해야 할지 몰라 당혹스러워한다.

흥분은 감추라고(종국에는 소멸시키라고) 배운 사람들도 많다. 흥분은 신경을 건드리기 때문이다. 흥분하면 오래전에 포기했던 것이 떠올라 불쾌해지고 일상이 무너진다는 게 기성세대들이 흥분을 감추라고 가르치는 이유였다.

감정적으로 억제된 부모 밑에서는 감정적으로 억제된 아이가 자라나기 마련이다. 이런 부모는 아이에게 직설적인 말과 행동으로 그러한 감정 상태가 적절하고 사회적으로도 수용 가능하다고 보여주기 때문이다.

더 나아가서 아동기에는 두려움과 당혹감, 고통, 불만을 많이 느끼기 때문에 좀 더 견딜 만한 인생을 도모하기 위해 방어기제로 감정을 억누르는 법을 배운다. 악몽을 피하는 법은 아주 빠르게 배운다. 살아남기 위해서 '죽은 척하기' 기술을 배운다.

'죽은 척하기'는 매우 흔해서 정상적이고 심지어는 바람직한 현상처럼 여겨진다. '죽은 척하기'가 친근하고도 '편안한' 한편, 살아 있기는 낯설고 심지어는 혼란스럽다. '죽은 척하기'는 자기거부와 자기소외의 한 방법이다.

아이는 대부분의 어른이 거짓말쟁이라는 사실을 깨달을 때 가장 큰 고통과 혼란을 겪는다. 이러한 아동기 경험은 대체로 억눌려 있고, 진실성을 이해하고 높이 평가하지 못하게 가로막는 장애물이 될 수 있다.

정직성을 강조했던 엄마가 아빠에게 거짓말을 한다. 아빠는 누군가를 얼마나 경멸하는지 모른다고 말해놓고 나중에는 저녁 식사 내내 그 사람에게 아첨한다. 실수했다고 인정하는 게 아니라 사악하게도 다른 학생 앞에서 진실을 부인하는 교사도 있다.

내가 알기로 어른들의 거짓말이 아이들에게 얼마나 충격적인 영향을 미치는지 연구한 심리학자는 없다. 하지만 내가 치료 과정에서 이 문제를 제기하고 내담자에게 곰곰이 생각해 보라고 하자 대부분 어린 시절에 그 문제 때문에 크게 상처를 입었다고 했다.

많은 젊은이는 성장이란, 거짓말을 정상적인 행위로 받아들이는 법을 배우는 과정이라고 결론 내린다. 다시 말해서 비현실성을 삶의 한 방식으로 받아들이고 포용하는 것이라고 생각한다.

하지만 이러한 형태의 정신 희생을 허용한다면, 두려움에 지배당한다. 내가 진실이라고 알고 있는 것보다 다른 사람이 믿는 것을 더욱 중시한다면, 존재감보다 소속감을 더욱 높이 평가한다면, 진실성을 얻지 못한다. 진실성을 얻으려면 용기와 독립성이 필요하다. 그러한 자질을 갖춘 사람을 좀처럼 만나기 어렵기 때문에 진실성은 더더욱 중요하다.

그렇다고 포기해서는 안 된다. 진실한 사람이 소수에 불과하다면 행복한 사람도 마찬가지다. 높은 자존감을 가진 사람도, 사랑하는 법을 아는 사람도 소수에 불과하다.

진실하게 사는 사람의
자존감이 높은 이유

∨∧∨

자존감이 높은 사람은 자존감이 낮은 사람보다 훨씬 질 높은 인간관계를 맺는다. 하지만 누구에게나 사랑받는 사람과는 거리가 멀다. 이들은 보통 수준보다는 훨씬 더 독립적이고 솔직하다. 자기 생각과 감정을 더욱 개방적으로 드러낸다. 행복하면 행복하다고, 흥분되면 흥분된다고 서슴없이 표현한다. 마음이 괴로운데도 '괜찮은' 척해야 한다고 생각하지 않는다. 남이 좋아하지 않는 의견도 거리낌 없이 표현한다. 이들은 건전하게 자기주장을 내세운다. 두려움 없이 자신의 진짜 모습을 그대로 드러내고 진실하게 살기 때문에 때로는 관습에 얽매인 사람들의 시기와 적의를 사기도 한다.

순진해서 가끔은 그러한 반응에 놀라고 상처받기도 한다. 하지만 그렇다고 진실하겠다는 다짐을 저버리지는 않는다. 피하는 게 가장 좋은 사람들이 있다는 사실을 숙지할 뿐이다. 또 남의 의견이 좋다고 자신의 자존감보다 더욱 높게 평가하지는 않는다.

이들은 해로운 관계보다는 서로를 키워주는 관계를 맺는다. 이와는 대조적으로 자존감이 낮은 사람은 거의 언제나 해로운 관계에 빠져드는 경향이 있다.

자존감이 높은 사람은 자애로움과 존중, 서로를 뒷받침해 주는 품위가 평균 수준보다 훨씬 높은 관계를 맺는다. 성장 지향적인 사람은 타인의 성장 욕구도 지원해 준다. 자신의 들뜬 마음을 만끽하는 사람은 타인의 들뜬 마음도 즐겁게 받아들인다. 솔직하게 말하는 사람은 상대하는 사람의 솔직한 말도 높이 평가한다.

좋으면 좋다고 싫으면 싫다고 편안하게 말하는 사람은 그렇게 말할 수 있는 다른 사람의 권리도 존중해 준다. 진실한 사람은 가장 믿을 만한 최고의 친구가 되어준다. 뿐만 아니라 상대도 자기 못지않게 진실한 삶을 살도록 이끌어준다.

진실해지면 자신도 영예로운 사람이 될 뿐만 아니라 상대하는 누군가에게도 선물 같은 사람이 된다.

아무도 자기를 이해하지 못한다고 불평하는 한 내담자는 이렇게 말했다. "가끔 진정한 제 모습과는 다른 잘못된 인상을 사람들에게 심어주는 순간이 있어요. 제가 겉으로는 미소 짓고 있지만 속으로는 울고 있을 때죠. 존경하지 않는 사람에게 좋은 인상을 남기려고 할 때, 부글부글 끓어오르는 제 안의 분노를 부인할 때, 마음에 걸리는 일이 아무것도 없는 척할 때, 무슨 일이 있어도 누군가와 대적하지 않을 때, 누가 뭐라고 하든 다 동의하는 척할 때, 제가 원하는 것을 말하지 않을 때, 싫다고 말하고 싶으면서 좋다고 말할 때가 그래요."

자신이 바라는 게 뭔지 관심 있게 봐주는 사람이 없다고 불평하는 내담자는 이렇게 말했다. "가끔 전 제가 원하는 것을 얻기 힘들게 행동하는 순간이 있어요. 제가 원하는 것이 무엇인지 알아도 말하지 않을 때가 그렇죠. 원하는 게 아무것도 없는 척할 때, 무엇이든 혼자 다 할 수 있는 것처럼 행동할 때, 저한테 잘하려고 애쓰는 사람을 교묘하게 비웃을 때, 뭐든지 다 비난할 때, 다른 사람들에게 다 베풀고 나서 그들과 거리를 두려고 할 때, 제가 먼저 거리감 있게 행동할 때, 사람들이 저한테 다가올 때까지 가만히 기다리지 못할 때, 제가 원하는 것을 저 자신한테도 알려주지 않을 때가 그래요."

사람들이 자기를 이용한다고 불평하는 여자는 이렇게 말했다. "제가 싫다고 말하고 싶을 때 싫다고 말한다면 자기존중이 더욱 향상될 거예요. 사람들이 절 더 좋아할지도 모르겠어요. 기분이 더욱 상쾌해질 거예요. 제가 원하는 일에 더욱 많은 시간을 투자할 수 있겠죠. 사람들에게 화를 내지 않을 거예요. 더욱 친절해지겠죠. 사소한 일로 반항하고 싫다고 하지 않을 거예요. 사람들이 절 알게 되겠죠. 전 대체로 더욱 너그러워질 거예요. 저한테 일어난 일에 책임질 겁니다. 아무도 비난할 수 없겠죠. 전부 다 저한테 달린 일이니까요. 전 품위를 갖추게 될 거예요."

사는 게 지루하다고 불평하는 남자는 이렇게 말했다. "제가 좋다고 말하고 싶을 때 좋다고 말한다면 더욱 용감해질 겁니다. 좀 더 위험을 감수하겠죠. 제가 어떤 사람인지 사람들에게 보여줄 수 있을 거예요. 제가 신경 쓰는 일에 솔직해져야겠죠. 사람들과 좀 더 자주 어울릴 겁니다. 모험을 하겠죠. 저를 보호하는 데 그렇게 신경 쓰지 않을 거예요. 그렇게 조심스럽게 행동하지 않을 겁니다. 방관자보다는 참여자가 되어 삶을 살아갈 거예요. 더욱 적극적인 모습으로 현실을 살아갈 겁니다."

다른 사람에게 인정받으려고 집착하는 여성은 이렇게 말했다. "제가 다른 사람의 기대에 부응하는 삶을 살려고 하지 않는다면 제가 진정으로 생각하고 느끼는 바를 말할 거예요. 저 자신이 걸어갈 방향을 찾아야 할 거예요. 제 인생에 책임을 져야 할 거예요. 비로소 저 자신에게 속한 사람이 될 수 있겠죠. 제가 무엇을 진정으로 중요하게 여기는지 자문해 봐야 할 겁니다."

정체성이 없다고 불평하는 여성은 이렇게 말했다. "제가 제 감정을 더욱 솔직하게 표현한다면 제 감정이 어떤지 알게 되겠죠. 사람들은 절 더욱 존중할 거예요. 저도 저 자신을 더욱 존중하겠죠. 가끔은 불만을 직시해야 할 거예요. 몇몇 친구를 잃을지도 모르죠. 항상 다른 사람의 기분을 살피며 조심스럽게만 행동하지 않을 거예요. 제 삶의 방식을 바꿔야겠죠. 제가 어떤 사람인지 모른다고 말하지 않을 겁니다. 중심 잡힌 사람이 된 것 같겠죠. 저한테 뭔가가 있다는 기분이 들 거예요. 그렇게 공허하지 않을 거예요. 저 자신으로 살 수 있게 되겠죠."

내 삶이 진실한지
알게 해주는 질문들

⌄⌄⌄⌄

진실하게 살아가는 삶이 무엇인지 궁금하다면 아래와 같은
몇 가지 기본적인 질문을 던져보자. (중복되는 질문도 다소 있다.)

▨ 자신의 감정을 대체로 솔직하게 인정하는가?

▨ 반드시 감정이 이끄는 대로 행동해야 한다는 생각에 얽매
이지 않고 자신의 감정을 받아들이고 체험하는가?

▨ 감정을 털어놓기 적절한 상황에서 자신의 감정을 남에게
대체로 솔직하게 말하는가?

▨ 진솔하고 정확하게 소통하려고 의식적으로 노력하는가?

▨ 자기가 좋아하고 흠모하고 즐기는 일에 관해서 편하게 이
야기하는가?

▨ 상처받았거나 화가 나고 속상하다면 그러한 감정을 솔직
하고 품위 있게 털어놓는가?

▨ 자신을 옹호하고 자신의 욕구와 흥미를 존중하는가?

▨ 다른 사람에게 흥분을 드러내 보이는가?

▨ 자기가 잘못했다는 걸 안다면 그 사실을 솔직하게 인정하
는가?

▓▓ 자신이 내적으로 체험하는 자기가 세상에 드러내는 자기와 같은가?

여기서 다시 한번 1에서 10까지 점수를 매겨보자. 10은 진실성이 최고인 점수고, 1은 진실성이 최저인 점수다. 위의 각 항목에 점수를 기록해 본다. 자기주장이 부족한 영역이 더욱 명확하게 드러날지도 모른다.

다음에는 몇 분 동안 혼자 조용히 앉아서 현재 거짓되게 살아가는 일면이 있는지 곰곰이 생각해 본다. 자기비난은 하지 않는다. 이 훈련의 목적은 죄책감을 불러일으키는 것이 아니라 존재의 진정성을 끌어올려 주는 서곡으로 명확성과 자기이해를 높이는 데 있다.

측은지심이 있는 다정한 친구가 당신을 진심으로 이해하고 싶어 한다고 치자. 당신은 그렇게 거짓된 삶(혹은 거짓말을 하는 삶)을 살아야 한다고 생각했던 이유나 그렇게 사는 게 바람직하다고 생각한 이유를 그 친구에게 말해줄 수 있다. 이때 당신의 친구는 거짓된 삶을 포기한다면 무슨 일이 일어날지 생각해 보라고 한다. 그러면 당신은 친구의 조언대로 무슨 일이 일어날지 상상해 보고 자세하게 말해준다. 다음에는 친구가 당신에게 어떤 상황이나 환경에서 더욱 진실해질 수 있는지 물어본다. 당신은 그 질문에 답하고 나서 조용히 앉아 더욱 진실하게 살기로 한다면 기분이 어떨지, 자신이 어떻게 느껴질지 상상해 본다.

두 달 동안 일주일에 한 번씩 10분 동안 이 훈련을 해보자. 그러면 장담컨대 더욱 진실하게 사는 삶이 점점 더 자연스럽고 바람직하게 느껴진다. 불안은 감소하고 자기확신은 커진다.

여기에 문장완성 연습까지 더하면 더욱 큰 효과를 볼 수 있다. 아래 문장 앞절을 읽어보고 문장 뒷절을 여섯 개에서 열 개까지 적어보자.

　

- 내 감정을 솔직하게 인정할 때 힘든 점은…….
- 내 감정을 남에게 솔직하게 드러낼 때 힘든 점은…….
- 진실하고 정확하게 소통하려고 노력한다면…….
- 내가 좋아하고 흠모하고 즐기는 것을 거리낌 없이 이야기한다면…….
- 상처받고 화나거나 불안한 감정을 솔직하게 드러낸다면…….
- 흥분한 마음을 남에게 드러내려고 한다면…….
- 내가 잘못했다는 사실을 알고 솔직하게 털어놓는다면…….
- 내 안의 음악 소리를 다른 사람에게 들려준다면…….
- 비난받을까 봐 두려워서 무언가를 포기한다고 생각하면…….
- 비웃음당할까 봐 두려워서 무언가를 포기한다고 생각하

면…….

▨ 매일 조금씩 좀 더 진실하게 살아가는 실험을 한다면…….

진실하지 못한 상태에서 진실한 상태로 한순간에 도약하지는 못한다. 그러므로 위의 마지막 문장 앞절이 매우 중요하다. 즉, 조금씩 진실성을 높여나갈 때 무슨 일이 일어나는지 알고 싶어 하는가가 중요하다.

진실성이 사라지면 내면에서 자신을 존중하지 않는다. 영혼에는 나쁜 감정이 남는다. 배신감이 끼어들고 그럴 줄 알았다는 생각이 든다. 하지만 이 문제를 직시하려고 하지 않는다면 "어쩔 수 없었다"고 패자의 위안을 자기에게 건넨다. 아니면 이렇게 말한다. "누구누구는 자존감이 높으니까 정직하고 솔직하게 행동하기 쉽지. 나는 그렇지 않아." 진실하게 사는 삶이 자존감을 키우는 수단이라는 사실은 잊어버린다.

자신의 욕구와 바람을 (다른 누군가가 책임지고 채워줄 거라 기대하지 않고) 확실하게 주장하는 것이 바로 자존감이 요구하는 바인가? 당연히 그렇다.

다른 사람이 어떻게 반응할지 생각하지 않고 자신의 생각과 감정을 솔직하게 말해야 하나? 당연히 그렇다.

자신이 어떤 사람인지 남들에게 보여주고 알려줘야 하는가?

당연히 그렇다.

자기가 보는 것을 보고 자기가 아는 것을 아는 사람이 혼자뿐이라도 자기의식에 충실해야 하나? 당연히 그렇다.

이것이 바로 자기를 존중하는 품위 있는 행위이자 높은 자존감을 얻는 길이다.

하지만 여기서 잠깐! 지금까지 읽었던 내용을 돌이켜 본다면 이런 불만이 튀어나올지도 모른다. "이렇게 많은 걸 해야 할 줄은 몰랐어요!" 매일 기분 좋은 긍정의 말 몇 마디만 하면 자존감이 활짝 피어나리라 생각했을지도 모르겠다. 하지만 이런 태도는 사실상 자존감 부족을 낳는다.

에인 랜드(미국 소설가이자 극작가로 『아틀라스』와 『파운틴헤드』를 저술했다 – 옮긴이)는 이렇게 말했다. "인생은 자립하고 자생하는 행동 과정이다." 삶과 관련된 모든 가치는 지속적인 행동을 통해 지지하고 유지할 수 있다. 긍정의 말만 내뱉어서는 자기 입에 음식을 넣지도, 기업을 성공적으로 운영하지도 못한다. 높은 자존감도 유지하지 못한다.

다시 말해 "매일 내 몸이 모든 면에서 조금씩 좋아지고 있다"고 혼잣말만 해서는 아무 소용이 없다. 자존감을 높이는 구체적인 방법을 생각하고 실천해야 한다.

운동이 좋은 걸 알아도 항상 운동하고 싶어지는 게 아니듯 이 책에서 제시하는 훈련법도 항상 하고 싶을 리는 없다. 하지만 하고 싶든 하기 싫든 계속 훈련한다면 두 가지 사실이 확연하게 드러난다. 자신의 '상태'가 점점 나아지면서 훈련 과정이 더욱 쉬워지고 재미있어진다. 또한 거울을 들여다보면 그 결과가 보이고 마음에 든다.

하루 15분, 자존감을 키우는 문장완성 연습
척하지 않는 진실한 삶

다음의 문장 앞절을 보고 너무 오래 생각하지 않은 채 최대한 빠르게 여섯 개에서 열 개까지 문장의 뒷절을 완성해 본다. 이때 문장 뒷절이 사실과 다르거나 다른 문장 뒷절과 상충할까 봐 걱정할 필요는 없다. 문장완성 연습을 한다고 생각하고 가벼운 마음으로 기록해 본다.

◇ 내 생각과 감정을 더욱 솔직하게 드러낸다면⋯⋯

_____

_____

_____

_____

_____

_____

◇ 거짓을 벗어던질 준비가 된 순간은⋯⋯

_____

_____

_____

◇ 내가 누구인지를 다른 사람에게 보여준다면……

◇ 나 자신이 되는 법을 배운다면……

∨∨∧∨

9장

∧∨∨∧

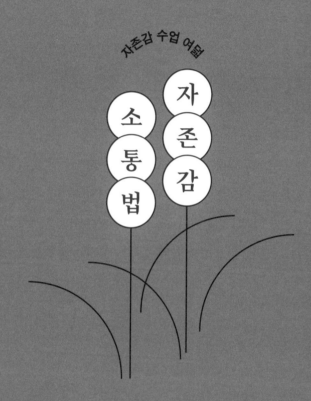

자존감 수업 여덟

소통법 자존감

타인의 자존감을 키워주면
내 자존감도 높아진다

자신의 자존감은 궁극적으로 자신이 책임져야 한다. 하지만 사람은 누구나 자신이 상대하는 다른 누군가의 자기확신과 자기 존중을 키워주거나 해칠 수 있다.

자신의 존엄성뿐만 아니라 상대의 존엄성도 인정해 주는 사람이 있는가 하면 인간에게 존엄성이라는 개념이 아예 없다는 듯 행동하는 사람도 있다. 이 두 가지 경우가 어떻게 다른지는 확연하게 드러난다. 이와 함께 서로의 존엄성을 인정하며 소통하는 경우가 있는가 하면 두려움이나 분노에 사로잡혀서, 혹은 상처를 받아 인간다운 수준의 소통을 거의 못 하는 경우도 있다. 이때는 존엄성의 의미가 모두 사라진다. 이 두 가지 경우가 어떻게 다른지도 확연하게 드러난다.

인간은 존엄성이 있는 상호작용을 더욱 좋아하고, 존엄성을 드러낼 때 자신을 더욱 좋아하게 된다.

타인의 자존감을 키워주면 자신의 자존감도 높아진다. 여기서는 타인의 자존감을 키워주는 몇 가지 방법을 살펴보겠다.

심리치료사 중에도 내담자의 자존감에 크나큰 영향을 끼치는 심리치료사가 있다. 이들은 아주 색다른 이론적 성향을 드러내며 남다른 치료 기법을 사용하기도 한다. 이런 심리치료사를 만난 내담자는 예전에는 존재하지 않았던 것 같은 새로운 기능을 발견하고, 자존감도 높아진다.

이 심리치료사들이 내담자를 다루는 방식에는 몇 가지 중요한 특징이 있다. 그 특징을 파악하면 그들의 방식을 자신의 인간관계에 적용해 볼 수 있다. 난해한 요소는 찾아볼 수 없다. 누구나 사용할 수 있는 방식이어야 이상적이다. 개인적으로는 언젠가 초등학생들에게도 이 방식을 가르쳐주고 싶다.

나는 (여러 대학원생들과 함께) 어떤 행동을 하면 내담자의 자존감 형성에 도움이 되는지 알아보려고 몇 년 동안 여러 차례 내담자들을 연구했다. 몇 가지 주제는 반복해서 연구했지만 나 혼자만 특별히 연구한 것은 아니었다. 지금부터 내가 설명하려는 태도는 자존감의 성장을 촉진하는 방법을 아는 모든 심리치료사한테서 찾아볼 수 있다.

서로의 자존감을 높여주는 태도

〉〈〉〈

첫 번째는 존중해야 한다는 전제하에 인간을 대하는 태도다.

이는 효과적인 심리치료에 필수적인 첫 번째 요소다.

나는 치료실에 도착한 내담자를 맞이할 때, 내담자를 바라볼 때, 내담자와 이야기를 나눌 때, 내담자의 이야기를 경청할 때 그러한 태도를 드러낸다. 예컨대 공손하게 행동하고, 시선을 맞추고, 잘난 체하지 않고, 도덕적으로 엄격하게 굴지 않고, 내담자의 이야기를 경청하고, 이해하고 이해받으려고 한다. 또한 적절하게 융통성 있게 행동하고, 전능한 권위자의 역할을 거부하고, 어떠한 경우에도 내담자가 성장하지 못할 거라고 단정 짓지 않는다. 내담자가 어떤 행동을 하든 변함없이 내담자를 존중한다. 인간은 존중받을 가치가 있는 존재라는 메시지를 전달한다. 이처럼 흔치 않거나 남다른 경험처럼 느껴지는 대우를 받은 내담자는 차츰 자기개념을 재정립해 나간다.

내담자 중 나에게 이렇게 말한 남자가 있었다. "돌이켜 보면 선생님한테 치료받을 때 항상 존중받았다는 게 가장 기억에 남아요. 전 선생님한테 미움받아 쫓겨나려고 온갖 수를 다 부렸죠. 선생님이 제 아버지처럼 행동하게 만들려고 했어요. 하지만 선생님은 절대 넘어오지 않았죠. 전 그런 선생님을 상대하고 받아들여야 했어요. 처음에는 그게 힘들었죠. 하지만 치료를 받으니까 되더라고요." 그는 첫 상담 시간에 이렇게 말하며 운을 뗐다. "아버지는 식당 잡일꾼한테도 저한테 하는 것처럼 그렇게 매몰차게 말하지 않았을 겁니다."

내담자가 두려움이나 고통, 혹은 분노의 감정을 드러낼 때 "아, 그럼 안 돼요!" 하고 말해서는 아무 도움이 되지 않는다. 심리치료사는 치어리더가 아니다. 비난과 비판, 빈정거림, 혹은 설교를 들을 일 없이 감정을 표현하는 것 자체가 (내담자나 다른 누구에게는) 매우 가치 있는 일이다. 표현은 본질적으로 치유 과정이다. 내담자의 격한 감정 표현을 불편하게 여기는 심리치료사는 자신부터 치료해야 한다. 상대의 이야기를 공감하면서 조용히 들어주는 태도는 치유의 기본 기술이다. 사랑은 물론이고 진정한 우정을 쌓아 올리는 기본이 되기도 한다.

나는 심리치료사로서 무엇보다 먼저 내담자가 조롱당하거나 비난받을까 봐 두려워하지 않고 자기 생각을 표현할 수 있는 환경을 조성해 준다. 하지만 이는 심리치료사에게만 적용되는 것은 아니다. 만약 사람들이 당신 앞에서 말을 꺼내기 무서워한다면, 그래서 소통에 어려움이 있다면 누군가와 대화를 나눌 때 개방적으로 소통할 수 있는 환경을 조성했는지 먼저 자문해 보자.

사람들은 대부분 눈에 보이는 존재가 되고 싶어 한다. 누군가가 자신을 봐주고 이해해 주기를 바란다. 어쩌면 어렸을 때 소외당해서 보이지 않는 존재가 됐다고 느끼는지도 모른다. 그래서 자신을 다르게 느끼고 싶어 한다. 나는 내담자의 이러한 욕구를 존중하고 그러한 욕구가 얼마나 타당한지 이해해 준다. 그와 동시에 내담자를 관찰해서 알아낸 사실을 말해주고 내 의견까지 이렇게 덧붙인다. "당신이 무슨 말을 하는지 듣고 있어요." "당신 기분이 어떤지 상상할 수 있어요." "지금 당신이 어떻게 보이냐면 말이죠." "당신의 관점을 어떻게 이해하고 있는지 말하자면요." 이때 내담자는 누군가가 자신을 봐주고 자기 이야기를 들어준다고 느낄 수 있다.

하지만 이런 일은 심리치료 과정에서뿐만 아니라 인간의 소통 과정에서도 일어난다. 누구나 눈에 띄고 싶어 하고, 이해받고 싶어 한다. 그렇다면 서로를 봐주고 이해하려고 애써야 하지 않겠는가? 누구를 만나든 자연스럽게 이런 태도를 취해야 하지 않겠는가?

유능한 심리치료사는 판단하지만 '비판적으로' 굴지는 않는다. 내담자의 장기적 행복과 안녕을 고려해서 몇몇 행동을 다른 행동보다 바람직하다고 판단한다. 비판은 지양하지만 기준이 없거나 좋고 싫은 게 없는 척할 정도로 위선적이지는 않다. 설교하지 않고, 죄책감을 불러일으켜서 행동을 바꾸려고 하지도 않는다. 그러므로 이런 말도 하지 않는다. "아픈 사람이나 그렇게 하겠죠." "당신 행실이 얼마나 나쁜지 알아요?" "자신이 타락했다는 사실을 인정하지 않는다면 당신을 도와줄 수가 없어요." "그렇게 똑똑한 사람은 아니군요, 그렇죠?"

성격과 지능, 기호가 이러니저러니 하면서 남을 공격하면 겁

줄 수 있을지는 몰라도 성장을 촉진하고, 자신감이나 자기존중을 키워주지는 못한다. 도덕적으로 엄격하게 굴거나 '비판적으로' 굴지 않으려고 찬사와 과한 칭찬을 쏟아부어서도 안 된다. 상대에게 낙인을 찍고 상대를 공격하거나 과하게 칭찬하지 않고도 자신이 무엇을 좋아하고 좋아하지 않는지, 무엇을 지향하고 지향하지 않는지 말하는 법을 배울 수 있다. 예컨대 이렇게 말해보자. "당신이 진짜 좋을 때가 언제냐면요." "내 마음이 편하지 않을 때가 언제냐면요." "내 마음이 아플 때가 언제냐면요." "내가 영감을 받을 때가 언제냐면요."

경험상 뛰어난 심리치료사는 측은지심이 있지만 감상적이지 않고, 수동성이나 자기연민을 장려하지 않는다. 많은 내담자들은 이러한 차이가 치료 진전에 중대한 영향을 미친다고 했다. 그래서 나는 이렇게 물어본다. "대안이 뭐라고 생각하나요?" "상황을 개선하려면 뭘 해야 한다고 생각하나요?" "어떤 행동을 취할 건가요?" 고통스러운 감정을 막 표현하기 시작하는 사람에게는 이런 질문을 하지 않는다. 하지만 보통은 이런 질문을 해야 할 때가 오기 마련이다. 나는 내담자의 행동 성향을 일깨워 주는 게 내 일의 일부라고 생각한다.

마음만 먹으면 이런 관점에서 상황을 분석해서 가족과 친구, 동료를 도울 기회가 반드시 온다.

서로의 자존감을
높여주는 소통법

\/\/\/

유능한 심리치료사는 친절하지만 내담자가 개인적 바운더리를 침범하게 놔두지는 않는다.

예를 들어 자기희생 정신을 발휘한답시고 내담자가 밤낮 가리지 않고 아무 때나 사소한 문제로 찾아오게 두지 않는다. 재정적으로 이용당하지도 않고, 자기가 투자한 시간의 가치를 인정해달라고 요구한다. 또한 내담자의 모욕적인 태도나 적의를 외면하지 않는다. 이들은 선을 긋고, 한계를 정한다. 훌륭한 부모와 똑똑한 친구, 모든 환경에서 자기를 존중하는 사람도 그렇게 한다. 심리치료사는 자신의 욕구와 시간을 적절하게 처리해 본보기를 보인다. 이들이 전하는 뜻은 이렇다. '제가 저 자신을 이렇게 대하니 당신도 자신을 이렇게 대해야 합니다.' 이러면 합리적 이기주의(자신의 관심사를 명예롭게 존중하는 주의)와 직업적 책임이 충돌하지 않는다.

심리치료사만이 아니라 모두가 이 점을 명심해야 한다. "널 위해 내 인생을 포기했어"라고 말하는 자기희생적인 부모는 좋은 본보기가 되지 못한다. 자신을 희생 대상으로 삼는 게 적절하다고 아이들에게 가르칠 뿐이다. 결국 아이들은 분노와 증오, 죄책감에 휩싸인다. 이와 마찬가지로 "내 욕구는 중요하지 않아"라고 말하는 자기희생적인 친구도 기쁨이나 영감을 전해주거나 누구나 본받고 싶은 긍정적인 선례가 되지 못하고 무거운 짐 덩어리만 될 뿐이다.

누군가를 이해해야 하는 상황에서 '형편없는', '생각 없는', '행실이 나쁜' 등과 같은 낙인을 찍으면 그 사람을 절대 이해할 수 없다. 객관적으로는 완전히 터무니없어 보일지라도 그 사람이 왜 그렇게 행동하는 게 바람직하다고 느꼈는지, 또는 왜 그렇게 행동할 수밖에 없다고 생각했는지를 알아야 그 사람을 이해할 수 있다.

개인적인 인간관계에서는 부적절하게 행동하는 사람이 자신이 어디서 왔는지 알아내고, 어떤 욕구를 충족시키려고 애쓰는지 파악하도록 도와줄 수 있다. 다시 말하자면 이해와 측은지심으로 자신을 돌보라고 했듯이 타인도 그렇게 돌보는 것이다.

예컨대 이렇게 물어본다. "당시에 기분이 어땠나요?" "어떤 선택권이 있었나요?" "그 사람이 무슨 말을 했기에 그렇게 화가 났나요?" "그 상황을 어떻게 바라봤나요?" 만나는 모든 사람에게 이 방법을 똑같이 적용할 수는 없다. 하지만 사랑하거나 진정으로 마음 쓰는 사람, 혹은 함께 일하는 사람에게는 이 방법이 아주 효과적이다.

모든 것을 마비시키는 죄책감은 누구에게도 이롭지 않다. 그렇다고 해서 잘못을 두루뭉술하게 덮고 넘어가거나 부도덕성을 옹호한다는 뜻은 아니다. 이런 말을 해야 하는 때도 분명히 있다. "당신 행동은 전혀 받아들이지 못하겠어요." "당신과 어울리고 싶지 않아요." 하지만 태도 변화를 추구하고, 달라진 태도를 유지하기 위해 자존감을 향상하고 싶다면 여러모로 보아 앞서 제시한 전략을 적극적으로 추천하고 싶다.

유능한 심리치료사는 최고의 교사와 코치처럼 내담자가 자기 생각보다 훨씬 크나큰 잠재력을 지니고 있다는 사실을 꿰뚫어 본다. "대수학에 통달하지 못할 것 같나요? 전 당신이 할 수 있다고 생각합니다." "더 높이 뛰지 못할 것 같나요? 조금만 더 해보세요." "부모님의 믿음에 반하는 행동은 감히 하지 못한다고요? 전 당신이 스스로 생각하고 자기 인생을 살아갈 수 있다고 생각해요." 다시 말해서 심리치료사는 내담자의 부정적인 자기개념을 받아들이지 않는다. 이것이 가장 중요한 핵심이다.

한 내담자는 나와 함께 연구하던 젊은 심리학자에게 이렇게 말했다. "이 치료를 성공으로 이끈 가장 중요한 요소가 뭐라고 생각하냐고요? 너새니얼 선생님의 믿음이라고 생각해요. 너새니얼 선생님은 제가 할 수 없다고 생각하는 모든 일을 할 수 있다고 믿어주셨어요. 전 제가 정말로 좋아하는 일을 하면서 생계를 유지할 수 있으리라고는 상상도 하지 못했어요. 그런데 지금 그렇게 하고 있어요. 제가 행복하게 살아가는 날이 올 거라고는 꿈도 꾸지 않았어요. 그런데 지금 그러고 있죠. 제가 너새니얼 선생님에게 '전 가망 없는 인간이에요'라고 말해도 선생님은 이렇게 말씀하셨어요. '잘 알겠어요. 그럼 계속할까요?'"

다른 누군가의 자존감을 키워주고 싶다면 그 사람을 수용하고 존중하면서 그 사람의 진가와 가치를 자신의 시각으로 보고 관계를 맺어나가야 한다. 거의 모든 사람은 자기 내면의 자원을 과소평가하고, 그런 생각을 의식의 중심에 두는 경향이 있다. 하지만 실상은 자기 생각보다 훨씬 많은 일을 해낼 수 있다. 이 사실을 명확하게 인지한다면 다른 사람에게도 이러한 깨달음을 전해줄 수 있다.

예를 들자면 자기회의와 불안으로 가득한 이야기를 경청하는 법도 배울 수 있다. 다시 말해 가르치거나 반박하고 싶은 충동에 빠지지 않고 이야기를 들어줄 수 있다. 원치 않는 감정을 온전히 받아들이고 느끼는 게 그러한 감정을 떨쳐내는 첫 단계임을 알기 때문이다.

물론 가끔은 자학적인 말로 반박과 칭찬을 끌어내려는 사람도 있다. 이런 술수에 말려들지 않으려면 이렇게 말해야 한다. "지금 그렇게 자신을 깎아내려서 얻는 게 뭔지 모르겠군요."

자신을 믿지 못하면서 다른 사람을 믿기는 매우 어렵다. 상대의 낮은 자기개념을 그대로 받아들이지 않고, 잠재적 존재라 할지라도 더욱 깊은 곳에 자리한 훨씬 강력한 자기를 꿰뚫어 본다면 이는 그 사람에게 줄 수 있는 가장 크나큰 선물이 될 것이다. 사람이 항상 성공할 수는 없다. 다만 그러려고 노력할 수는 있다. 다른 사람의 내면에서 최상의 모습을 끌어낸다면 가장 이상적이라할 수 있겠다. 하지만 그러지 못한다 해도 최소한 자신의 내면에서 최상의 모습을 강화할 수는 있다.

마지막으로 잘하든 못하든 상관없이 사람들을 이성적으로 적절하게 한결같이 대한다면 현실을 알고 이해하고 있다는 인상을 심어줄 수 있다. 유능한 심리치료사와 자기를 존중하는 사람은 누구나 자신의 인간관계에 이러한 이치를 적용하려고 한다. 그러므로 이렇게 말한다. "당신은 현실에 부딪혀 혼란스러워하고 자신이 무능하고 무력하다 느낄지 몰라도 전 현실이 혼란스럽고 모순적이라고 생각하지 않아요." 이성적으로 한결같이 일관성을 유지한다면 당연히 자존감도 향상된다.

아이가 있다면 앞서 소개한 태도를 살펴보고 자신이 얼마나 꾸준히 그러한 태도를 실천하는지 생각해 본다. 부모의 태도는 성인보다 아이에게 훨씬 더 중요하기 때문이다.

"어렸을 때 존중받았다면." "어렸을 때 누군가가 날 믿어줬다면." "내 바람과 감정이 중요하다고 말해준 사람이 있었다면." "누군가가 날 특별한 존재로 봐주었다면." 치료받으러 와서 이렇게 말하는 내담자가 무수히 많았다. 이러한 문장완성 연습에서 나오는 문장 뒷절은 이러했다. "자기존중을 배웠을 것이다." "나 자신을 믿었을 것이다." "내 소망을 진지하게 받아들이고 이루려고 노력했을 것이다." "내가 어떤 사람인지 더욱 명확하게 파악했을 것이다."

자신을 잘 알수록 인간관계도 더욱 자연스러워진다. 건강한 자존감을 갖춘 부모는 아이를 조롱하는 방법으로 독립성과 능력을 키우려 하지 않는다. 자존감이 높은 교사에게는 조롱이 훌륭한 교육 도구가 아니라고 말해줄 필요가 없다. 자기를 존중하는 간부는 상대를 경멸해서 최상의 모습을 끌어낼 수 있다고 생각하지 않는다. 자기확신이 있는 사람은 권위 있는 척하고, 불안감을 자극함으로써 관계를 유지하지 않는다.

아동과 부모 관계에서는 아무것도 보장할 수 없지만 아이의 자존감을 높여주는 가장 좋은 방법은 부모가 높은 자존감을 갖추는 것이다.(부모가 성을 대하는 건전한 태도를 지니고 있어야 아이에게도 성을 대하는 건전한 태도를 길러줄 수 있듯이 말이다.) 이러한 원칙은 보다 광범위하게 적용된다. 타인, 즉 아이만이 아닌 다른 사람의 자기개념 형성에 긍정적인 기여를 하고 싶다면 가정에서 자신의 자존감부터 (자비심을 기르듯) 키워야 한다.

평온은 평온을 낳고, 행복은 행복을 끌어내고, 개방성은 개방성을 불러낸다. 자기 내면에서 최상의 모습으로 산다면 다른 사람의 내면에서도 최상의 모습을 불러낼 수 있다.

자신의 흥분을 드러낼 용기가 있다면 흥분이 가치 있다는 뜻이자 다른 사람의 흥분도 억눌러서는 안 된다는 뜻이다. 내가 목표를 추구하는 열정을 드러낸다면 타인의 열정적인 목표 추구도 인정하겠다는 뜻이다. 자신의 가치와 관심사를 자랑스러워하고 존중한다면 다른 사람에게도 그들의 가치와 관심사를 존중할 권리가 있다고 알려주겠다는 뜻이다. 현재의 자신이 되기 위해 통합에 성공한다면 다른 사람의 통합도 장려하겠다는 뜻이다.

이렇듯 자기를 존중하면서 건강한 자존감을 갖춘 공동체를 형성할 수 있다. 개인주의는 공동체의 적이 아니라 가장 중요한 기둥이 될 수 있다.

이러한 주장이 타당하게 들린다면 앞으로 한 달 동안 당신의 인간관계에 어떠한 영향을 미치게 될지 살펴보자. 그다음 한 달, 또 그다음 한 달은 어떻게 될까?

우리 시대의 진짜 윤리, 자존감

∨∧∨

자존감을 '이기주의'로 착각하는 경우가 종종 있다.

나는 이전에 출간한 책을 홍보하던 중 개인적으로 오해를 산 적이 있다. 인간의 잠재력 계발 운동에 반발해서 개인적 성장을 적극적으로 도모하는 모든 개인을 '자기애적'이라고 싸잡아 비난하는 분위기가 퍼져 나간 탓이었다. '자기'는 적어도 몇몇 영역에서는 선동적인 단어가 된 것 같았다.

자존감과 자기실현은 자율성을 추구하는데도 도덕성을 의심받고 있다. "'자기중심 세대'는 이미 끝나지 않았습니까?" "이기주의를 조장하는 거 아닙니까?" "세계의 문제는 어떻게 생각하나요?" "고립된 개인을 넘어선 문제에는 관심이 없나요?" "관계는 어떻게 생각하나요?" "사람들의 자아가 이미 너무 비대해진 건 아닌가요?" 인터뷰 기자들은 끊임없이 이런 질문을 던졌다.

이러한 질문들에 답하기 전에 우선 내 모든 책에서 '다른 사람의 권리와 상관없이 무조건 내가 우선이다'라는 주장은 하지 않았다고 말해두고 싶다. 그보다는 자존감과 행복의 상관관계를 개인적으로나 사회적으로 파헤쳐 보고 싶었다. 이 과정에서 개인주의와 계몽된 자기이익이라는 가치가 사회 협력과 자애로움, 발전을 도모하는 최상의 기반이 된다는 사실이 분명하게 드러났다.

이 세상을 누구와 공유하고 싶은가? 존재할 권리를 존중해 주고 자기이익에 반하는 행동을 요구하지 않는 사람과 나누고 싶은가? 아니면 당신을 희생물로 간주하는 사람과 나누고 싶은가? 개인적 정체성이 확고한 사람? 아니면 자기 대신 정체성을 형성해 주기를 바라는 사람? 자기 존재에 책임지는 사람? 아니면 그 책임을 당신에게 전가하려는 사람과 이 세상을 나누고 싶은가? 이러한 유형의 사람들은 지나치게 높거나 낮은 자존감이 낳은 몇 가지 사회적 결과다.

개인주의와 자존감, 자율성, 개인적 성장은 자기애적 특성이 아니다. 자기애는 뿌리 깊은 내면의 결핍과 박탈감에서 생겨나는 건전하지 못하고 과도한 자기몰입 상태다.

이처럼 악한 특성은 보통 강한 자아를 지닌 사람한테서 드러나고, 약한 자아를 지닌 사람에게는 고통과 같다. 여기서 강한 자아는 옹졸하고 적대적일 만큼 경쟁적이고, 툭 건드리기만 해도 화를 내는 존재다.

이성적인 사람이라면 인간관계에 무관심하거나 헌신하지 않고도 자기실현, 즉 긍정적인 잠재력을 실현할 수 있다고 생각할 리 없다. 나는 인터뷰 기자들에게 이렇게 물었다. "내가 사랑하고 존중하고 흠모할 수 있는 사람을 찾는 건 나의 자기이익을 도모하는 행동이지 않습니까?" 내 말뜻을 알아차렸는지 기자들이 미소로 답했다. "더욱 안전하고 건전하고 나은 세상에서 살고, 그런 세상을 만들어나가려는 것도 나의 자기이익을 도모하는 행동 아닙니까?"

자기와 타인 혹은 자기와 세상을 구분 짓는 것은 타당한 근거가 없는 행동이다. 자존감이 높은 사람일수록 타인에게 존중과 친절, 관대함을 베푼다는 증거가 압도적으로 넘쳐난다. 자기사랑 self-love을 경험하지 못하는 사람은 타인을 사랑할 능력이 약하거나 아예 없다. 깊은 불안감과 자기회의를 느끼는 사람은 다른 인간도 무섭고 해로운 존재로 보는 경향이 있다. 자존감이 아주 낮거나 아예 없는 사람은 이 세상에 아무런 기여도 하지 않는다.

그렇다면 이런 질문을 던져봐야 한다. "자존감과 자기실현, 달리 말하면 개인적 목표라는 개념은 왜 몇몇 사람들의 신경을 그토록 날카롭게 건드리는가? 왜 우리는 '사회적' 목표만 존중해야 하나?"

많은 사람이 권위적인 윤리 개념에서 벗어나지 못하기 때문이다. 권위적인 윤리 개념에 따르면 선이라는 개념은 개인의 바깥, 즉 자기 자신의 바깥에 존재한다. 이러한 시각은 가정과 학교, 교회, 특히 정부에서 다양한 형태로 나타난다.

실제로 세계적 영향력을 행사하는 거의 모든 윤리체계는 자기포기와 자기희생이라는 주제를 다양하게 변형해서 다룬다. 이타주의가 미덕이라면 이기주의는 악덕의 동의어다. 이러한 체계에서 개인은 언제나 희생자가 된다. 파라오와 황제, 왕, 부족, 나라, 가족, 진실한 믿음, 종족, 프롤레타리아 계급, 혹은 사회(또는 '행성')라는 더욱 가치 있는 존재를 위해 '이타적'으로 자신을 희생하라고 요구받기 때문이다.

'착하다'는 말은 거의 모든 사람이 들어서 알고 있다. 종종 잔혹한 결과를 초래하는 이 말에 홀려서 권위자에게 기꺼이 복종하는 사람이 많다. "그 남자아이는 참 착해. 내 말을 잘 듣고 행실도 착해." "그 여자아이는 아주 착해. 자기가 말한 건 다 하거든." 애초에 인간은 자기의 욕구와 바람, 크나큰 가능성을 존중하는 게 아니라 타인의 기대에 부응하는 것이 미덕이라고 배웠다. '타인을 위해 사는 삶'이 도덕성의 핵심이라고 배웠다. 이러한 윤리를 설파하는 사람은 자존감보다는 복종을 더욱 중시한다. 나는 심리학자로서 이러한 윤리가 정신적 행복과 감정적 행복에는 재앙과 같다고 생각하지 않은 적이 없다.

오늘날에는 페미니즘이 등장하면서 많은 여성이 그러한 윤리가 사람을 조종하고 착취하는 도구라는 사실을 깨닫고 있다. 한 강사가 현대 여성들에게 이렇게 말했다고 가정해 보자. "자신의 욕구와 바람을 생각하지 마세요. 여러분이 모시는 사람들의 욕구와 바람만 생각하세요." 여성들은 어떻게 반응할까? 남성도 자신들의 삶에 영향을 미치는 이러한 윤리를 새로운 시각으로 바라봐야 한다. 이것은 성별을 따지지 않고 전 세계에 영향을 미치는 문제다.

불행하게도 자기실현 문제로 고민하는 많은 남성과 여성이 이기적이라는 비난에 무력감을 느끼고 위협당한다. '이기주의'가 '자기이익을 도모한다'는 뜻이라면 자존감과 개인적 성장을 추구하는 행위는 당연히 이기적이다. 신체적 건강과 정신적 건강, 행복을 추구하는 행위도 이기적이다. 공기를 한 모금 더 들이마시는 행위도 이기적이다. 이러한 행위가 죄악이라면 우리가 어떻게 존재할 수 있겠는가?

성공적인 삶을 살려면 합리적인 자기이익에 관한 윤리가 필요하다. 자기 인생을 살아갈 개인의 권리를 존중해야 하고, 자신을 포함한 모두가 타인의 목적을 달성하기 위한 수단이 아니라 그 자체로 목적이 된다는 사실을 이해해야 한다. 그렇지 않으면 자신의 존재감이나 행복의 필수조건을 명확하게 꿰뚫어 볼 수 없다.

자기를 존중하고 그러한 권리를 자랑스럽게 선포할 때까지는 자존감을 얻기 위해 싸울 수 없고, 자존감을 얻을 수 없다.

하루 15분, 자존감을 키우는 문장완성 연습

자존감 소통법

다음의 문장 앞절을 보고 너무 오래 생각하지 않은 채 최대한 빠르게 여섯 개에서 열 개까지 문장의 뒷절을 완성해 본다. 이때 문장 뒷절이 사실과 다르거나 다른 문장 뒷절과 상충할까 봐 걱정할 필요는 없다. 문장완성 연습을 한다고 생각하고 가벼운 마음으로 기록해 본다.

◇ 다른 사람에게 존중과 자애로움을 베푼다면……

_____

_____

_____

_____

_____

_____

◇ 나 자신의 속도에 맞게 성장해도 괜찮다고 허락한다면……

_____

_____

_____

◇ 자기희생으로 자존감을 얻지 않는다면……

◇ 내 인생이 진정 내게 속한 것이라면……

10장

자존감 수업, 복습 편

문장완성법으로
자존감 키우기

자존감은 무엇이고, 또 어떻게 키워야 할까? 이번 장에서는 앞에서 소개한 자존감에 대한 모든 이야기를 핵심 내용만 간추려 요약해 보겠다.

○ 자존감_자신을 신뢰하는 마음

세속적 성공과 신체적 외양, 인기 혹은 우리가 통제하지 못하는 다른 가치에 좌우되지 않는다. 그보다는 합리성과 정직성, 통합, 모든 의지적 과정, 우리가 책임지는 모든 정신 작용의 기능이다.

○ 자기개념_ '나'는 어떤 사람인가

아래와 같은 문장을 완성해 본다면 현재 자신이 이 문제를 어떻게 생각하고 있는지가 더 분명해진다. 이 훈련을 계속하면 지금까지 이 책에서 무엇을 얼마나 많이 배웠는지, 나아가서 무엇을 더 해야 하는지 알 수 있다.

■　나 자신을 판단하는 기준을 살펴본다면…….

　　■　내게 높은 자존감을 안겨줄 수 있는 사람이 나밖에 없다
　　　　면…….

　　■　자존감을 좌우하는 요소를 이해하려고 한다면…….

　　■　내 자존감을 키울 수 있는 한 가지 방법은…….

○ 의식하며 살기_ 독립적인 사고가 자존감을 높인다

긍정적인 자존감은 내가 인생을 살아가는 데 적합한 존재라
는 감정과 경험, 믿음이다. 또한 우리의 정신은 생존의 기본적인
도구다. 그러므로 건강한 자존감의 중심 기둥은 의식하는 삶이
다. (의식하는 삶은 합리성과 정직성, 통합성을 요구한다.) 의식하는 삶은
책임감 있게 현실을 살아가는 삶이자 사실과 지식, 진실을 존중하
며 살아가는 삶이다. 또한 우리의 행동에 적합한 의식 수준을 갖추
는 것이다.

　　■　의식하는 삶의 의미를 이해하고자 한다면…….

　　■　의식하는 삶을 살아갈 준비가 되지 않았다면…….

　　■　내가 행동할 때 무엇을 하는지 알고자 한다면…….

　　■　내가 보는 것을 보고 내가 아는 것을 알고자 한다면…….

○ 자기수용_ '나'와 조화로운 관계 맺기

자기수용은 자기의 모든 측면, 즉 생각과 감정, 기억, 신체적 특징, 하부인격 혹은 행동을 부인하거나 부정하지 않는 것이다. 자기수용은 자신의 경험과 적대적인 관계를 맺지 않는 것이다. 또한 모든 성장과 변화의 기반이다. 궁극적인 의미에서는 우리 자신을 위해 존재하는 용기를 뜻한다. 자존감 수준은 자기수용 수준보다 높을 수 없다.

- 나 자신을 받아들이는 법을 배운다면…….
- 내가 받아들여야 하는 것은…….
- 나 자신과 싸우지 않는다면…….
- 저항하기보다 내 감정을 받아들인다면…….
- 내가 의식하기 시작한 것은…….

○ 죄책감에서 자유로워지기_ '무조건 내 탓'이 자존감에 미치는 영향

자존감을 보호하려면 자기 행동을 적절하게 평가하는 법을 알아야 한다. 먼저 자신의 판단 기준이 입에 발린 말로 치켜세워 줘야 할 것 같은 타인의 기준이 아니라 진정으로 자신의 것인지 확인해야 한다. 둘째, 정직성과 측은지심을 발휘해서 자기 행동을 평가해야 하고, 다른 선택의 여지나 대안이 있었는지, 당시에 그렇게 행동했던 환경이나 정황이 어떠했는지도 고려해야 한다. 죄책감을 적절한 수준으로 유지하려면 수동적으로 괴로워하기만 할 게 아니라 죄책감을 해소하는 구체적인 단계를 밟아야 한다.

▒ 죄책감을 느끼는 삶이 책임을 회피하는 삶이라는 사실이 밝혀진다면…….

▒ 나 자신을 용서한다면…….

▒ 내가 왜 그렇게 행동하는지 이해하고자 한다면…….

▒ 나 자신의 기준에 따라 살아가는 법을 배운다면…….

▒ 내 장점을 솔직하게 드러낸다면…….

▒ 나 자신을 만끽한다면…….

▒ 나 자신을 좋아한다고 인정한다면…….

○ 나였던 그 아이 껴안기_ 지금보다 어린 자기 통합하기

하부자기나 하부인격을 인정하고 그와 친구가 되어 대화를 나누고, 궁극적으로는 포용해야 분리되지 않고 온전하게 통합된 기분을 느낄 수 있다.

▦ 내 아이—자기를 포용하는 법을 배운다면…….

▦ 내 십 대—자기를 포용하는 법을 배운다면…….

▦ 한때 나 자신이었던 사람을 부인한다면…….

▦ 나의 모든 부분과 친구가 된다면…….

▦ 내가 깨닫기 시작한 것은…….

○ 자기책임_ 높은 자존감의 필수 요소

수동적으로 살기보다는 능동적으로 살아야 자신의 선택과 감정, 행동, 행복에 책임질 수 있다. 자신의 성취에도 책임지고, 자신의 존재에도 책임질 수 있다. 생산성은 독립성처럼 자존감의 기본적인 미덕으로 자기책임감을 보여주는 실질적인 형태다.

▦ 내 행동을 온전히 책임진다면…….

▦ 내가 하는 말을 온전히 책임진다면…….

▦ 다른 사람을 계속 비난한다면…….

▦ 나 자신을 계속 희생자로 본다면…….

▦ 내 행복은 오직 나만이 성취할 수 있는 것이라는 사실을 받아들인다면…….

○ 척하지 않는 진실한 삶_ 내면의 나와 드러낸 나가 같은가

자기확신과 자기존중은 진실하게 사는 삶을 통해 유지된다. 진실하게 사는 삶은 용기 있게 자기 모습을 그대로 드러내는 것이다. 내면의 자기와 세상에 드러낸 자기를 일치시키는 삶이기도 하다. 말 그대로 해석하자면 자기주장을 하며 사는 삶이다. 자신이 생각하고 가치 있게 여기고 느끼는 것을 세상에 그대로 드러내는 것이다. 표현하지 않고 아무도 살지 않는 지하 세계에 자신을 가두어서는 안 된다.

    ▒ 내 생각과 감정을 더욱 솔직하게 드러낸다면……
    ▒ 거짓을 벗어던질 준비가 된 순간은……
    ▒ 통합성을 이루며 사는 법을 배우기 위해 시간이 필요하다면……
    ▒ 시간을 갖고 배우기로 한다면……
    ▒ 내 안의 음악을 다른 사람에게 들려준다면……
    ▒ 내가 누구인지를 다른 사람에게 보여준다면……
    ▒ 나 자신이 되는 법을 배운다면……

○ 자존감 소통법_ 타인의 자존감을 키워주면 내 자존감도 높아진다

타인의 자존감을 키워주면 자신의 자존감도 커진다. 그러므로 자존감은 자애롭게 사는 삶을 통해 얻는다. 또한 자존감은 윤리적, 심리적 이상으로서 개인적 삶의 최상급 가치를 뜻한다. 자기포기와 자기희생을 강조하는 윤리와는 반대되며, 합리적인 자기이익을 길잡이 원칙으로 삼는다.

▨ 다른 사람에게 존중과 자애로움을 베푼다면…….

▨ 내가 받고 싶은 호의를 남에게 베푼다면…….

▨ 이 모든 지식을 받아들일 준비가 되지 않았다는 사실을 받아들인다면…….

▨ 나 자신의 속도에 맞게 성장해도 괜찮다고 허락한다면…….

▨ 내가 다른 사람을 위해 존재하지 않는다면…….

▨ 다른 사람이 날 위해 존재하지 않는다면…….

▨ 내 인생이 내게 속한다면…….

▨ 자기희생으로 자존감을 얻지 않는다면…….

▨ 명예롭게 이기적인 사람이 될 용기가 있다면…….

자존감이 높아지면
달라지는 것들

\/\/\/\/

자존감은 어떻게 높일 수 있을까? 앞서 요약한 행동을 실천하고 의식하며 자기를 수용하고, 책임감을 갖고, 진실하고 자애롭게 통일성 있게 살아가면 된다.

이렇게 하면 크나큰 보상이 따라온다. 하지만 어려운 점도 있다. 현재 당신의 자존감 수준이 어느 정도든, 그러한 자존감을 바탕으로 어떤 삶을 살고 있든 지금이 익숙하고 잘 아는 세상이라 편안하다고 느낄지도 모른다. 하지만 자존감을 키우려면 안전지대에서 벗어나 '미지'의 세상으로 들어가야 할지도 모른다.

내담자들은 내게 이렇게 말했다 "자존감이 높아지면 상황이 어떻게 달라질까요? 제 배우자를 여전히 사랑할까요? 제 일을 여전히 견뎌낼 수 있을까요? 제 관심사가 달라질까요? 제 친구들이 저한테 화를 낼까요? 외로워질까요?" "제가 느끼는 기분이 항상 마음에 들지는 않아요. 그냥 익숙하게 느껴질 뿐이죠. 불안과 우울이 한바탕 휩쓸고 지나가도 그냥 거기에 익숙해지죠. 그런 식으로 통제하는 거예요. 그런데 자존감이 높아지면 나 자신을 모르게 될 것 같아요. 안전하다는 느낌이 들까요?"

이 책에서 소개하는 훈련을 실천해 보고, 그러한 훈련과 논의를 통해 알아낸 행동을 실생활에서 실천하면 자기확신과 자기존중이 향상된다. 하지만 다소 혼란스러울 수도 있다. 과거의 자기개념이 새로운 자기개념으로 바뀌면서 자기개념이 훨씬 좋아지고 더욱 적절해졌어도 종종 마음이 불안해지기도 하기 때문이다. 새로 습득한 지식과 행동을 계속 실천하고 옛 습관으로 돌아가지 않는다면 머지않아 새로운 자기감을 편안하게 받아들일 수 있고, 불안은 사라진다.

일반적인 자존감 형성뿐만 아니라 자존감을 높여주는 구체적인 실습도 이러한 과정을 거친다. 예컨대 좀 더 의식하고 좀 더 수용하는 삶을 사는 법을 배운다면 전과 다른 새로운 경험을 즐기면서도 낯설다는 느낌을 받을 수 있다. 이는 자기가 잘 모르는 사람이 자기 몸에 들어와 살고 있는 것 같은 느낌이다. 새로운 기준에 도달할 때까지 이러한 혼란을 피할 수 없는 성장의 일면으로 받아들이고 견뎌내야 성공적으로 달라질 수 있다.

오래전에 만났던 한 내담자는 이 문제에 대해서 이렇게 말했다. "너새니얼 선생님, 한 주 동안 마음이 편하니까 오히려 신경이 쓰이네요."

나는 내담자들이 이 책에서 제시하는 훈련을 통해 우울증을 완전히, 혹은 상당히 많이 극복하고 나서도 시대에 뒤처져 실제 경험을 따라잡지 못하는 자기개념에 집착하다가 다시 자학에 빠져드는 모습을 지켜봤다. 이들은 오랜 세월 동안 자신을 고통받는 사람이라고 생각했다. 이들의 삶은 인간관계를 포함해서 그러한 자기개념을 중심으로 조직되어 있었다. 이들은 이렇게 말했다. "제가 고통받지 않는다면 제 삶은 어떻게 될까요?" "제가 불행하지 않다면 제가 사람들을 어떻게 대할까요? 제가 무슨 말을 하거나 무슨 행동을 할까요? 전 행복했던 적이 없어요! 행복하지 않으면 행복을 잃을 수도 없고, 빼앗길 일도 없죠. 하지만 제가 행복하다면……."

이것이 바로 앞서 언급했던 '미지'의 세계, 자존감이 높아지면서 발을 들여놓게 되는 낯선 영역을 바라보는 시각이다.

이뿐만 아니라 우리를 대하는 다른 사람들의 반응도 달라진다. 우리가 자기확신이 전보다 훨씬 강한 사람이 되고 자기존중을 더욱 키우면, 혹은 한층 개방적이고 자발적이고 포용적이거나 활기찬 사람이 된다면 우리를 대하는 다른 사람들의 대응 방식도 더 이상 이전과 같지 않을 것이다. 혼란을 느낄지도 모른다. 그래서 더 적극적으로 자신의 행동을 새로운 자기개념에 맞게 바꾸거나 (일부러 혹은 자기도 모르게) 과거의 자기개념으로 돌아가려고 할 수도 있다. 어느 쪽을 선택하든 삶은 예전과 같아질 수 없다. 또다시 낯선 미지의 세상을 직면하게 된다.

이러한 변화에 저항하면 앞서 소개했던 훈련이나 행동을 선뜻 하지 못할 수도 있다. 그러므로 무력감과 두려움에 맞서 싸워야 한다. 그러한 감정을 받아들여도 그에 굴복하지 않는다면, 자기확신과 자기존중, 삶의 즐거움을 키워나가겠다는 다짐을 지킨다면 어떤 보상을 얻을 수 있을까?

직접적이고 내면적인 경험이라는 측면에서는 명확한 답이 나온다. 자기신뢰와 자기사랑, 존재하는 즐거움, 자신의 성취를 자랑스러워하는 마음이 더욱 커진다.

이 외에도 자존감이 높아지면 다음과 같은 변화가 일어난다.

○ 얼굴과 태도, 말하고 움직이는 방식에서 살아 있는 기쁨이 자연스럽게 드러난다.

○ 사실을 친근하게 받아들이기 때문에 어느 순간에 자신의 성취나 단점을 솔직하게 이야기할 수 있다.

○ 칭찬, 애정, 감사 등과 같은 감정을 좀 더 편하게 주고받을 수 있다.

○ 자존감은 '완벽'과 관련이 없기 때문에 비판을 열린 마음으로 받아들이고, 실수를 좀 더 편하게 인정한다.

○ 자신과 싸우지 않기 때문에 말과 행동이 편하게 자발적으로 나온다.

○ 말과 행동, 보고 듣고 움직이는 방식이 더욱더 조화를 이룬다.

○ 존재하는 것 자체가 모험이기 때문에 새로운 아이디어와 새로운 경험, 삶의 새로운 가능성에 쏟아붓는 개방성과 호

기심이 더욱 커진다.

- 걱정이나 불안을 표출하더라도 전보다 훨씬 쉽게 다루고 극복할 수 있기 때문에 그러한 감정에 겁먹거나 압도당할 가망성이 줄어든다.
- 자신과 타인의 삶에서 유쾌한 일면을 즐길 가망성이 높아진다.
- 자신의 정신을 믿고 삶을 불운이나 패배로 보지 않기 때문에 창의성과 심지어는 유희성에 자극받아 역경에 더욱 융통성 있게 대응할 수 있다.
- 확신에 찬 행동에 더욱 편해지고, 더욱 빠르게 자신을 옹호하고 변호한다.
- 중심이 된 느낌이 점점 자연스러워져서 스트레스를 받는 상황에서도 균형과 존엄성을 유지한다.

인간관계와 직장생활, 여가 활동에서도 변화가 일어날까? 그렇다. 이는 거의 피할 수 없는 일이다.

갈등과 위기, 의사결정을 하기 힘든 시기는 여전히 존재할까? 당연하다. 이러한 시기는 삶에 내재되어 있다.

역경에 대응할 자원을 훨씬 많이 갖게 될까? 당연히 그렇다.

자기확신과 자기존중이 향상되면 신체적인 변화도 눈에 띄게 드러난다.

- 눈빛이 더욱 초롱초롱하고 밝고 생생해진다.
- 얼굴의 긴장이 더욱 많이 풀리고, (병색 없는) 자연스러운 피부색이 돌아오고, 피부에 활력이 돈다.
- 턱끝이 더욱 자연스럽게 올라가고 신체와 일직선으로 정렬된다.
- 아래턱 전체의 긴장이 더욱 많이 풀린다.
- 두 손은 긴장이 풀리고 우아하고 차분해진다.
- 두 팔은 긴장이 풀려 자연스럽게 흔들거린다.
- 자세는 긴장이 풀리고 균형이 잡히며 반듯해진다.
- 걸음걸이는 (공격적이거나 고압적이지 않고) 당당해진다.
- 목소리 크기는 상황에 적절하게 조절되고, 발음이 정확해진다.

건강한 자존감을 갖게 되면 앞서 언급한 심리적 특징뿐 아니라 위와 같은 여러 신체적 특징도 두드러지게 드러난다.

무엇보다 긴장 완화를 경험하게 되는데, 긴장이 풀린다는 것은 자신을 감추지 않고 자신과 다투지 않는다는 뜻이다. 반면 만성적 긴장 상태는 내적 분열과 자기회피, 혹은 자기비판, 부인하거나 엄격하게 구속하는 자기의 일면을 암시해 준다.

앞서 언급한 심리적 특징과 신체적 특징이 자연스럽게 몸에 밴다면 삶이 어떻게 달라질지 자문해 보자. 사랑하고 사랑받는 능력은 어떻게 달라질까? 업무방식과 야망, 달성하고자 하는 목표는 또 어떻게 달라질까?

자존감이 향상되면 변화가 일어난다. 그러한 변화를 명확하게 파악한다면 자존감을 추구할 가치가 있음을 깨닫게 될 것이다.

이 여정을 떠나기로 결심한 순간, 당신은 이미 나를 사랑하는 삶을 시작할 준비가 됐다.

에필로그

20년이 넘는 세월 동안 자존감의 중요성과 자존감 습득 과정을 내 연구의 중심 주제로 삼았다. 연구를 진행함과 동시에 미국 전역의 많은 도시에서 '자존감과 존재 기술'이라는 40시간 집중 강좌를 운영했다. 이 강좌의 목적은 참여자의 자존감 수준을 급격하게 끌어올리는 것이었다.

이 집중강좌를 시작한 이후로 이 프로그램의 성격을 더욱 자세하게 설명해 달라는 요청을 많이 받았다. 이 집중강좌는 독특한 학습 경험이자 비교할 대상이 없어서 뭐라고 설명하기가 어렵다. 가르침의 요소를 갖추고 있기는 하지만 강의는 아니다. 개인의 성장을 촉진하는 심리적 훈련과 과정을 소개하기는 하지만 심리 치료도 아니고, 임상 치료도 아니다. 곳곳에서 운영되고 있는 다른 '개인 발달' 프로그램과는 접근법이나 방법론, 철학, 혹은 목표라는 측면에서 많이 다르다.

내가 제공했던 그 어떤 강좌와도 다른 특별한 모험이다. 다양한 개인적 성장 과정이 복합적으로 어우러진 내면 우주로 떠나는 여행이다. 이 집중강좌의 목적은 자기수용과 자기신뢰, 자기

주장, 자존감을 크게 향상시키고, 인간관계에서 정직성과 진실성을 높이는 것이다. 자기이해가 향상되면 어김없이 타인에 대한 이해도 높아진다. 결과적으로 인간관계에서도 친밀성과 효능감이 증가한다.

집중강좌에 미처 참여하지 못했던 독자들도, 이 책에 소개한 자존감 향상 훈련을 잘 따라가다 보면 누구나 의식하며 사는 삶, 주체적인 삶을 사는 것이 어떤 것인지 체감하게 될 것이다.

이 책을 내기까지 유용한 의견을 많이 제시해 준 편집자 린다 래글런 커닝햄에게 감사하는 마음을 전하고 싶다.

아내 디버스는 하부인격 심리학 분야에서 혁신적인 성과를 이루었을 뿐만 아니라 편집 부분에서 값을 따질 수 없는 도움을 주었다. 아내 덕분에 하부자아subselves를 통합하는 자존감의 중요성을 보다 더 깊이 이해할 수 있었다.

하루 15분, 자존감 수업

초판 1쇄 인쇄 2023년 7월 25일
초판 1쇄 발행 2023년 8월 1일

지은이	너새니얼 브랜든
옮긴이	이미정

펴낸이	한선화
기획편집	이미아
디자인	정정은
홍보	김혜진
마케팅	김수진

펴낸곳	앤의서재
출판등록	제2022-000055호
주소	서울 서대문구 연희로 11가길 39, 4층
전화	070-8670-0900
팩스	02-6280-0895
이메일	annesstudyroom@naver.com
인스타그램	@annes.library

ISBN	979-11-90710-62-6 03180